Au-delà des nuages

Avis aux lecteurs

Vous êtes nombreux à nous écrire
et nous vous en remercions.
Pour être sûrs que votre courrier arrive,
adressez votre correspondance à :

Bayard Éditions Jeunesse
Collection Cœur Grenadine
18, rue Barbès
92128 Montrouge Cedex

Cœur Grenadine

Au-delà des nuages

RENAUD PARIS

DEUXIÈME ÉDITION
BAYARD JEUNESSE

BIOGRAPHIE

Romancier, scénariste, dramaturge et historien, Renaud Paris est l'auteur, sous divers pseudonymes, d'une vingtaine d'ouvrages pour la jeunesse : romans historiques, récits fantastiques et romans d'amour.

Loi n° 49-956 du 16 juillet 1949
sur les publications destinées à la jeunesse
Dépôt légal : août 2005

ISBN 13 : 978-2-7470-2639-0

Chapitre 1

C'est décidé : cet été, je vais vivre un grand amour.

Je sais ce que vous pensez : l'amour n'est pas une chose qu'on décrète comme ça, sur un coup de tête, comme changer de look ou de lectures. Mais moi, j'aime bien brusquer mon cœur et ma vie, au risque d'en souffrir… Enfin, pas trop tout de même.

– Maria, tu as débarrassé ta chambre ?

– Tout de suite, maman.

Et voilà. C'est toujours la même chose. Je commence à peine à rêver que je dois redescendre sur terre. Ma mère, Rebecca, a une façon si douce d'exiger que, si on s'écoutait, pour un peu on lui dirait merci !

Non, merci, maman. À la réflexion, je ne vois pas pourquoi je devrais déménager mes affaires pour laisser ma chambre à cet étranger, Stephen Woodward, un Anglais invité à passer un mois et demi à Antinéa, notre maison de La Ciotat. Chouette endroit, La Ciotat, entre parenthèses. Un petit village méditerranéen baigné de soleil, entre Marseille et Toulon.

Échange linguistique. Ma sœur Audrey a passé un mois à Brighton. En retour, l'Angleterre nous expédie un inconnu. Donnant donnant. Pas exactement : à Pâques, Audrey est revenue avec un teint de céleri rave. Stephen, lui, repartira tout bronzé.

Le temps est superbe. Je voudrais que vous puissiez voir, par la fenêtre de ce qui est encore ma chambre, la mer confondue avec le ciel, jusqu'aux rochers rouge sang qui ferment la baie à l'est. Et voilà qu'il faut dire adieu à ce spectacle ! Pendant six semaines, je vais partager la chambre de Pauline, ma petite sœur, drôle à petites doses, mais curieuse, fureteuse, soupe au lait, pleurnicheuse. Insupportable.

En plus, ses fenêtres donnent sur la pinède. Je déteste les pins, secs, maigres et gluants. Pourquoi Audrey ne va-t-elle pas dormir avec Pauline ? Après tout, c'est elle qui est concernée, pas moi. Mais allez dire ça à ma mère ! Un regard tendre, et vous êtes bonne pour un mois de remords. Surtout moi, la deuxième, coincée entre les privilèges de l'aînée et les caprices de la petite dernière. Les voici, justement, toutes les deux à la fois.

– Maria, tu peux me tresser les cheveux ? demande Audrey d'une voix dont la douceur ressemble à s'y méprendre à celle de Rebecca.

– Maria, viens m'aider ! ordonne Pauline.

Maria ! Maria ! Comme si j'étais la bonne de tout le monde…

Pour ce qui est d'Audrey, je ne devrais pas parler de corvée. J'adore coiffer ses cheveux blonds, soyeux, légèrement bouclés par l'air marin.

– Tu veux les tresser, tu es sûre ?

– C'est plus pratique pour faire du bateau.

Elle a une voix angélique, un corps de femme, des courbes à vous donner envie de vous rhabiller. Elle fait plus que ses quinze ans, Audrey. Moi, j'en ai quatorze, pas tout à fait, et le premier qui me dit que c'est un bel âge, je lui mets la tête au carré !

Je suis vraiment trop poire !

Comme je finis d'attacher les tresses d'Audrey, le visage rond piqué de taches de rousseur de Pauline surgit à la porte de la chambre. Je connais ces sourcils froncés, ces poings sur les hanches. Elle lance :

– Tu viens, oui ?

– Cool, bébé.

Elle a horreur qu'on l'appelle comme ça. Il suffit d'entendre comment elle claque la porte. Huit ans, et déjà un sacré caractère. Nous rions, Audrey et moi, puis je vais amadouer la petite peste, qui s'est enfermée dans sa chambre. Penchée à sa fenêtre, elle fait semblant de contempler le jardin.

– Tu boudes ?

Haussement d'épaules et regard de dédain.

– Si tu n'as rien à me dire…

En me voyant quitter les lieux, elle bondit :

– Attends, aide-moi à pousser les lits.

Elle montre, au centre de la pièce, les deux cadres de fer recouverts de piqué blanc.

– Où tu veux les mettre ?

– Contre les murs. Comme ça, on aura chacune notre coin.

Le ton est morose.

– Tu n'es pas contente de partager ta chambre avec moi ?

– Si.

Pas très convaincue, la sœurette. Si elle savait ! À l'idée de cohabiter pendant six semaines, je suis encore moins enthousiaste qu'elle. Ma chambre était le seul endroit où je pouvais m'isoler, rêver, écrire en paix. J'adore écrire. Ici, j'aurai la petite sur le dos du matin au soir. Elle voudra lire mon journal intime ou mes lettres d'amour imaginaires.

Tandis que j'écarte docilement les lits, elle perçoit ma contrariété et demande :

– Tu es amoureuse ?

– Pourquoi, amoureuse ?

– Je ne sais pas, tu as un drôle d'air.

Je ne peux pas m'empêcher de rire.

– De toute façon, tu ne me le dirais pas.

Sa moue sceptique est irrésistible. C'est vrai, je ne dirai rien, d'abord parce qu'il n'y a rien à dire. J'examine mon reflet dans le miroir suspendu au mur. Qui voudrait de cet air exalté et de ces yeux de chatte en colère ? Les garçons qui prétendent que je suis mignonne ne sont pas ceux que je voudrais. Des bêtes ou des brutes !

Ce que je recherche, moi, c'est l'amour, le vrai, le grand amour. Une passion romantique, dévorante et surtout secrète. Or, comment garder un secret à Antinéa, où sept femmes vivent ensemble, en se mêlant chacune des affaires des autres ?

L'horreur !

Mon père, Richard Golding, et mon oncle Paul se sont partagé la propriété de mon grand-père à la mort de celui-ci. Il y a deux maisons contiguës, une pour chaque famille. Richard a eu trois filles : Audrey, Pauline et moi ; Paul en a eu deux : mes cousines, Marie-Charlotte et Auriane. Ajoutez Rebecca, et Marine, la femme de Paul. Si vous comptez bien, ça fait sept.

Sept femmes !

Pas étonnant que les deux frères retournent en vitesse à Paris après nous avoir larguées en Provence. Mon père est chirurgien, et mon oncle dirige un laboratoire pharmaceutique. Ces deux-là s'entendent à merveille. Au cours de l'été, ils viennent passer quelques week-ends à Antinéa. Leur arrivée est toujours une fête. Le voilier de Paul, Porquerolles, la pêche aux éponges sous les dalles de Careï, des nuits entières à la belle étoile… Puis ils s'en vont, et

Antinéa redevient une sorte de colonie de vacances pour filles.

Espérons que Stephen mettra un peu d'ambiance. Mais mieux vaut ne pas trop compter sur les Anglais !

– C'est vrai, tu es comme moi : les garçons ne t'intéressent pas, soupire Pauline, désabusée.

Chapitre 2

– Tiens, j'ai corrigé tes fautes.

Auriane me tend le manuscrit de *La fille du vent*, un petit roman que j'ai écrit au cours de l'année. Rebecca l'a beaucoup aimé. Et puis cette histoire d'amour a atterri dans les mains de ma cousine…

Auriane est la grosse tête de la famille. Depuis toujours, elle est première de sa classe dans toutes les matières. Surdouée à l'école, je veux bien, mais, pour la délicatesse et la générosité, elle est loin d'avoir la moyenne. Toujours en train de faire la leçon aux autres pour montrer qu'elle est la plus intelligente !

J'examine avec des envies de meurtre mon manuscrit constellé d'encre rouge. *La fille du vent* est une histoire intime, pas une dictée. Comment Rebecca a-t-elle pu la livrer aux railleries de ma cousine ?

Que sait-elle de l'amour, cette fille vaniteuse, froide et coincée ?

Ma mère m'adresse une petite moue désolée. C'est tout ce qu'elle trouve à faire : une grimace ! De rage, je froisse la liasse des feuilles et en bourre mon bol de thé, qui déborde. Pauline éclate de rire. Audrey et Marie-Charlotte n'ont pas remarqué l'incident. Elles discutent. Plus précisément, c'est Marie-Charlotte qui explique comment pratiquer le saut d'obstacles à la patiente Audrey, qui monte à cheval dix fois mieux qu'elle. Auriane contemple le ciel d'un air satisfait.

– Tu n'as plus soif ? pouffe Pauline.

Il y a des jours, ce matin en particulier, où je les déteste, toutes autant qu'elles sont. Comme s'il ne suffisait pas d'être obligée d'abandonner ma chambre, je dois subir les stupides corrections de ce petit génie ! Je me lève de table si brutalement que le petit déjeuner est soumis à un séisme force 5, et les cinq bols se renversent. Ensuite, sans me soucier des cris d'indignation de celles que j'ai aspergées, je me dirige à grands pas vers le portail du jardin.

– Maria, reviens ! crie Rebecca.

J'annonce sans me retourner :

– Roberto m'attend. On va faire du bateau.

Le père de Roberto vend et répare les voiliers à l'enseigne de Guidoni & Fils.

– J'ai besoin de toi, dit ma mère.

– Pour quoi faire ?

– M'accompagner à l'aéroport.

– Maman, s'il te plaît !

– Tu t'occuperas de Stephen.

– Il lui faut une nounou ? D'abord, c'est à Audrey d'y aller. C'est SON Anglais !

– J'y vais, si tu veux, dit aussitôt Audrey.

Rebecca lève sa jolie main blanche :

– Pas question : toi, tu as rendez-vous chez le dentiste.

Les visites chez le dentiste, un lointain cousin, font partie des traditions familiales. Chaque année, nous avons toutes droit à une révision gratuite, comme les automobiles. Je grommelle, pour la forme :

– Elles sont parfaites, les dents d'Audrey !

– C'est justement parce qu'elles sont parfaites qu'elle doit en prendre soin.

Rebecca a des arguments irréfutables. Parfois, j'ai envie d'applaudir. Pas aujourd'hui.

Dans la voiture qui nous mène à l'aéroport, je ne desserre pas les lèvres. Pour couronner le tout, avant notre départ, j'ai dû téléphoner à Roberto, fou furieux, et subir les conseils de ma cousine Marie-Charlotte sur ma future carrière : je veux être journaliste et écrivain.

Sentant ma mauvaise humeur, ma mère tente de se faire pardonner :

– Pour ton roman, je suis désolée. Je l'ai passé à ta tante, qui l'a trouvé très intéressant, elle aussi. Je ne pouvais pas prévoir quelle le confierait à sa fille.

– Tu aurais au moins pu dire à cette prétentieuse qu'elle n'avait pas le droit de toucher à mon texte !

– Je n'ai pas voulu faire d'histoires. Tu connais Marine : dès qu'on critique son petit génie…

– Alors que, lorsqu'on critique le tien, tu t'en moques, pas vrai ?

Protestation molle de Rebecca. Elle a déjà la tête ailleurs. Pour elle, l'incident est clos. Pas pour moi. « Je ne suis pas près de te faire confiance. Tu ne liras plus jamais ce que j'écris ! »

Devant nous, un barrage d'agriculteurs bloque les voitures. Camionnettes, tracteurs, monceaux de fruits répandus sur la chaussée... Joies des vacances. Je peste après notre vieux 4x4, dont la climatisation est en panne. Un véritable autocuiseur sous le soleil de juillet.

Tandis que Rebecca pianote fébrilement sur son portable, j'ouvre la fenêtre et la referme aussitôt au contact de l'air brûlant que le ciel me souffle au visage. Dire que je devrais être en mer, du côté de l'île Verte, bercée par le sifflement du vent, le cri des oiseaux, le claquement des voiles... Ce n'est pas demain la veille que Roberto m'invitera de nouveau. Je hais ce stupide Anglais qui me gâche mes vacances. Trois quarts d'heure de retard ! Ça lui fera les pieds. Il doit errer comme une âme en peine dans les couloirs de l'aéroport.

Les agriculteurs, sympathiques, entrouvrent leur barrage. Ils nous offrent au passage des barquettes de fraises. Je n'ai pas très bien compris ce qui les mobilise : une affaire de taxes ou quelque chose du genre. J'espère qu'ils obtiendront satisfaction.

J'ai bien envie de manifester, moi aussi.

Le parking de l'aéroport est bondé. Des vacanciers foncent sur nous avec des chariots de plusieurs tonnes. Après l'esplanade torride, le hall semble glacé. D'abord, ce contraste me semble délicieux. Puis je grelotte, avec ma mini-jupe et mon ventre nu. « Canon ! » dirait Roberto. J'aimerais bien qu'il le pense sans le dire ; pas comme ça, en tout cas. Depuis des années, il est amoureux de moi et affirme qu'il compte les jours entre chaque été. Je le crois, pauvre Roberto. Comme copain il est cool, mais ce n'est pas lui qui m'inspirera un grand amour.

Tandis que je rêve, ma mère se lance à la recherche de son Anglais. Je la vois discuter avec un jeune homme mignon et empressé. Rien à dire, Rebecca, tu as bon goût. Elle me fait de grands signes, auxquels je réponds avec mon sourire de velours.

– Voici Stephen. Ma fille Maria.

Je me plonge, intimidée, dans de grands yeux noirs. Ça, un Anglais ? Le visage osseux, les cheveux bouclés et la peau brune font plutôt penser à un prince berbère. Son sourire moqueur dissipe mon trouble. Pour qui se prend-il ? Je tends la main, mais il m'empoigne aux épaules pour m'embrasser. Une discrète odeur de lavande m'enveloppe.

– Tu es anglais ?

Il montre de belles dents blanches, bien plantées :

– Ma mère est à moitié italienne et à moitié française. Elle se nomme Maria, comme toi.

– Tu parles bien français !

Moi qui avais préparé quelques phrases anglaises, au cas où !

– Je me débrouille.

C'est vrai qu'il parle couramment, avec un accent tout à fait craquant.

Il me plaît. Du coup, je ne sais plus ce que je dis :

– Tu vas rester longtemps ?

– Un mois et demi, non ?

Mais oui, idiote ! Son regard me trouble. Je me sens rougir. Heureusement Rebecca nous appelle devant le tapis roulant où défilent les bagages de Londres.

– *I'm very pleased to be here,* me glisse Stephen.

Et moi donc !

Chapitre 3

Dans le 4x4, Stephen est assis devant, à côté de Rebecca. Moi, je suis derrière, accoudée à son fauteuil, mon visage près du sien.

Tout en conduisant, ma mère le harcèle de questions sur ses études, ses amis, ses sports favoris, sa ville, Brighton, Marine Square... Pour répondre, il se tourne vers moi. Nos cheveux se frôlent. Je demande :

– Comment tu fais pour être aussi bronzé ?

– *African cream* de Yardley.

Des clous : ce teint-là n'a rien d'artificiel. Je veux répondre à sa plaisanterie, mais Rebecca me devance :

– Tu as des frères et sœurs ?

– Un frère, un peu plus jeune... de ton âge, dit-il en me regardant. Il est à Cassis en ce moment. Vous connaissez Cassis ?

– C'est juste à côté de La Ciotat ! s'exclame Rebecca. Tu pourras lui rendre visite.

Stephen pince les lèvres. On sent que l'idée ne l'enchante guère. Il me demande :

– Et toi ?

– Moi ?

– Tu as des frères ?

Je lève les yeux au ciel, avec un air de martyre :

– Deux sœurs et deux cousines.

– Cool.

– Pas vraiment.

Rebecca se met à rire :

– Cinq filles entre elles, je ne sais pas si tu te rends compte. Il était temps que tu arrives !

Stephen se tourne vers moi :

– Elles te ressemblent, les autres ?

– Tu rigoles ! Je suis de loin la plus intelligente et la plus jolie.

Là, il devrait rire. Mais il garde son sérieux.

On dirait toujours qu'il craint de se laisser aller.

– C'est la plus modeste, ajoute Rebecca.

Soudain, la main de Stephen saisit mon bras nu :

– *How nice !*

Il fait allusion au petit port de pêcheurs, creusé au pied d'une falaise, que l'autoroute vient de découvrir en franchissant le pas de l'Oullier.

– C'est Cassis, justement, explique Rebecca.

Les yeux de Stephen rencontrent les miens. Il me semble que nos émotions se confondent. Mais ce n'est qu'une impression. Quand nous atteignons Antinéa, il me délaisse aussitôt pour admirer la maison et la vue sur la mer. Ensuite, les autres arrivent, attirées par le beau ténébreux. Pauline d'abord, effrontée comme toujours :

– Tu es sûr que tu es anglais ?

– *I think so.*

Elle se tourne vers nous, soupçonneuse :

– C'est de l'anglais ?

Stephen la prend par les épaules et la soulève pour l'embrasser. Puis c'est le tour d'Auriane, qui tient à démontrer sa maîtrise de l'anglais. Stephen fait semblant d'apprécier :

– On croirait entendre une Londonienne.

– On me l'a déjà dit.

« Si tu savais ce qu'il s'en fiche, ma vieille ! »

Audrey, maintenant. Là, c'est plus sérieux. Le regard de Stephen s'attarde sur la silhouette de ma sœur aînée. Elle, souriante, naturelle, tend la joue, dit un mot gentil et s'éloigne. Aucun effort pour lui plaire. Il faut reconnaître qu'elle n'en a pas besoin, Audrey. Elle est très belle. Point final.

Je ne suis pas jalouse. Un peu, tout de même. Et surtout résignée. Ils ont le même âge et forment un joli couple. S'il tombe amoureux d'elle, quoi de plus logique ? J'aurais seulement voulu prolonger notre brève complicité. On se plaisait bien ; enfin, je crois. J'ai peut-être rêvé. C'est ce que je fais le mieux.

– Maria, tu peux montrer sa chambre à Stephen ?

– Moi, moi, j'y vais ! crie Pauline.

– J'ai dit : Maria.

Avec Rebecca, les ordres sont les ordres. Mais Pauline n'est pas du genre à céder.

– Deux filles au lieu d'une, ça ne peut pas faire de mal ! plaisante Stephen.

Tout le monde rit, même ma mère. Je soupire :

– Viens, tu porteras le sac.

De toute manière, le charme est rompu. Stephen fait le même cinéma à toutes les filles. Comme Pauline gonfle les joues en soupesant le sac trop lourd pour elle, il la soulève et l'emporte avec son fardeau. La petite peste noue les bras autour de son cou et colle sa tête sur son épaule en me jetant un regard triomphant. Stephen la dépose doucement en haut de l'escalier. Je le guide jusqu'à la petite pièce d'angle qui a toujours été mon refuge. Je repousse les volets, montre le cabinet de toilette et l'armoire-bibliothèque, cadeau de mon grand-père.

– C'est ta chambre ? demande Stephen.

– C'était.

– Désolé. Je peux dormir ailleurs, si tu préfères.

– Avec moi ! pouffe Pauline en sautant sur le lit.

Je lui ordonne d'arrêter. Comme elle refuse d'obéir, je l'attrape et la propulse vers la porte :

– Sors d'ici !

Je ne suis pas d'humeur à supporter ses bêtises. Chassée, Pauline donne des coups de pied dans la porte en hurlant des insultes que Stephen ne comprend pas, du moins j'espère.

De toute manière, je m'en moque. J'ai beau le trouver craquant, je suis déçue par son air impassible, sûr de lui, et sa façon de parler aux filles. Audrey, Auriane, Marie-Charlotte, il ne fait aucune différence entre nous. Or je refuse de partager. Le garçon qui tombera amoureux de moi ne verra que moi, ne sourira et ne parlera qu'à moi. Je suis exigeante, je sais, mais je suis prête aussi à tout donner.

Une voix intérieure me rappelle qu'il vient tout juste d'arriver. « Laisse-lui le temps. » Désolée : la patience n'est pas mon fort.

– Bon, je te laisse t'installer.

– Attends...

Il contemple la mer.

– On peut faire du bateau ? C'est quoi, cette île, là-bas ?

– L'île Verte. C'est là que je serais allée, ce matin, si ma mère ne m'avait pas obligée à l'accompagner.

Après ça, je me sauve en vitesse, car je sens qu'il va s'excuser, et sa politesse m'exaspère. Son attitude est artificielle. Trop gentille avec les autres, pas assez avec moi.

Décidément, je suis incorrigible.

Dans le jardin, Auriane et Audrey jouent au ping-pong à l'ombre du marronnier. Rebecca et Marine bavardent sur la terrasse. Ma tante est une jolie femme, mais fragile, sujette aux migraines. Elle n'a aucune autorité sur ses filles. Ma mère saurait les corriger comme elles le méritent ; si elle évite de le faire, c'est pour ne pas contrarier Marine. Elle s'occupe d'elle du matin au soir. Les plantes exotiques de la serre n'exigent pas plus de soins.

Pauline doit bouder dans sa chambre. Je m'installe dans une chaise longue avec *Le baron perché,* un bouquin passionnant : l'histoire d'un homme qui décide de vivre dans les arbres pour échapper à l'absurdité du monde. C'est exactement ce que je voudrais faire, m'évader entre terre et ciel.

De mon ancienne chambre me parviennent des bruits. Stephen ouvre la porte de la penderie, fait tinter les cintres. Le lit grince. Maintenant, il prend une douche. J'essaie de me concentrer sur ma lecture, mais mes pensées s'envolent vers lui malgré moi.

Pauline, qui a cessé de bouder, reparaît. Passant près de moi, elle s'arrête et me toise :

– Tu me le paieras !

– Arrête, tu me fais peur !

Son air de princesse outragée m'amuse. Elle soulève à deux mains la sauvage abondance de ses cheveux et les laisse retomber. Elle doit mourir de chaud avec sa crinière. Comme je le lui fais remarquer, elle considère cela comme une nouvelle offense et se détourne avec un reniflement de mépris.

Rebecca et Marine ont disparu dans la cuisine. Je me replonge dans ma lecture. Mon baron est amoureux, lui aussi. La fille est blonde, elle s'appelle Violette Violante de Rivalonde. Il l'a connue tout enfant. Maintenant, c'est une jeune fille, et il l'entraîne au sommet des arbres. L'histoire est si passionnante que j'en oublie Stephen.

Soudain, j'entends sa voix. Il est descendu et bavarde avec Marie-Charlotte. Ma cousine, revenue de la plage, est vêtue avec beaucoup trop d'élégance. La beauté du jeune Anglais lui a tourné la tête – j'ignorais qu'elle en avait une !

C'est fou ce qu'elle est snob, Marie-Charlotte. Sa conversation ne dévie jamais de son club hippique, de ses copains et de leurs bagnoles décapotables. À l'entendre, tous les garçons fortunés sont raides amoureux d'elle. Comme Stephen l'écoute poliment, elle doit le croire sous le charme.

Je les épie. Stephen s'ennuie, cela ne fait aucun doute. Cette fille prétentieuse et guindée, en dépit d'une certaine beauté, n'est pas son genre. Le regard de l'Anglais glisse vers le jardin. Va-t-il se laisser tenter par le ping-pong ? Non, c'est vers moi qu'il se dirige. Je fais semblant d'être captivée par ma lecture.

– Qu'est-ce que tu lis ?

Je lui montre la couverture du livre. Il lit le titre à haute voix.

– Italo Calvino, c'est un auteur italien, non ?

– On ne peut rien te cacher !

Mon ironie ne le décourage pas :

– Je peux emprunter un livre dans ta bibliothèque ?

– Si tu veux.

Je reprends ma lecture, croyant qu'il va s'éloigner, mais il reste, et mon cœur bat plus vite. « Il est là pour moi !... Ne rêve pas trop, Maria... Je ne rêve pas. Enfin, si, un peu quand même. C'est plus fort que moi. »

– Qu'est-ce que tu me conseilles ?

– Je ne sais pas, moi..., dis-je avec l'air ennuyé de la fille qu'on dérange.

Mais je commets une imprudence : je lève la tête, et mes yeux rencontrent les siens, des yeux d'un noir profond, pleins d'une douceur que je n'avais pas remarquée jusqu'à présent.

Je me lève en soupirant, abandonne mon baron perché et murmure :

– Viens.

Je le conduis dans ma chambre, ou plutôt dans la sienne, disons la nôtre. Au moment où nous traversons la terrasse, Rebecca annonce :

– À table !

– On revient.

– Où allez-vous ?

– Choisir un bouquin pour Stephen.

– Ça peut attendre. Le soufflé, lui, n'attend pas.

J'adresse à Stephen une moue résignée : c'est ça, une maison pleine de femmes !

Chapitre 4

À peine le temps de servir le soufflé que la croûte dorée s'est affaissée.

– *It's so delicious !* murmure Stephen, la bouche pleine. Le soufflé est une spécialité de maman.

La table est dressée à l'ombre, au nord de la terrasse, l'endroit le plus frais du jardin. J'ai voulu m'asseoir à côté de Stephen, mais Rebecca ne m'a pas demandé mon avis.

– Mets-toi ici.

Je n'ai pas à me plaindre : face à lui, je peux l'observer à mon aise. Son T-shirt de marin aux couleurs passées épouse des muscles qu'accentue sa maigreur. Il mange lentement, avec élégance. Il me plaît.

Il doit sentir mon regard, car, de temps en temps, ses yeux rencontrent les miens et il sourit. Puis, très vite, il se détourne pour répondre aux filles qui le questionnent. Il affecte avec elles des gestes et des intonations d'homme, une suffisance, qui m'agacent.

Oui, je suis jalouse, et après ?

– Tu joues au tennis ? demande Marie-Charlotte.

– J'aime beaucoup ça.

Ils prennent rendez-vous pour le lendemain, de très bonne heure, à cause de la chaleur. Puis Auriane l'invite à faire du vélo.

– De la bicyclette sous ce cagnard ? objecte Rebecca.

– Nous irons ce soir.

– Les vélos ne sont pas équipés pour rouler la nuit.

– J'ai dit ce soir, pas cette nuit, réplique Auriane, qui ne veut jamais avoir tort.

Stephen me sourit :

– Tu viendras aussi ?

Je lui rends son sourire en faisant non de la tête.

– Maria est amoureuse ! s'écrie soudain Pauline.

La réflexion amuse les autres. Moi, je ne trouve pas ça drôle du tout. J'ai l'impression que la température s'est élevée de dix degrés, je transpire.

– On peut savoir le nom de l'élu ? demande Auriane.

– Roberto ? pouffe Marie-Charlotte.

– Elle est amoureuse de Stephen, chantonne Pauline, qui trouve ainsi le moyen de se venger de moi.

– Cesse de dire des bêtises et finis ton assiette ! lui ordonne Rebecca.

– Elle est toute rouge ! insiste la petite peste.

C'est vrai que j'ai rougi, et je crois bien que j'ai les larmes aux yeux. Je déteste Pauline. Et je déteste Stephen, sa façon de me dévisager d'un regard moqueur. S'il s'imagine qu'il suffit de me faire du charme pour que je tombe dans ses bras, il se trompe. Il me plaît, je l'avoue, mais je n'aime pas ses airs prétentieux, et je suis furieuse de paraître éprise quand je ne suis qu'humiliée.

Audrey vient généreusement à mon secours en détournant l'attention des autres :

– Vous n'oubliez pas le bal, ce soir.

– C'est vrai, c'est le 14 Juillet, la danse des canards ! ricane Marie-Charlotte.

– C'est amusant, non ? dit Audrey.

– C'est nul.

– On ira à Carnavon, tous ensemble, propose Rebecca.

Marie-Charlotte fait tinter ses bracelets africains :

– Sans moi.

– Moi non plus, je ne viendrai pas, soupire Marine en portant les mains à son front.

Rebecca s'inquiète aussitôt :

– Encore tes maux de tête ! Je resterai avec toi si tu es fatiguée.

– Mais non, ça ira. J'ai seulement besoin de repos.

Stephen me sourit avec gentillesse pour se faire pardonner. Trop tard : mon regard glisse sur lui. Pauline a tout gâché.

– Tu aimes danser ? demande Audrey.

Le visage de l'Anglais prend une expression de souffrance.

– Hélas, non !

– Je t'apprendrai, promet Pauline.

– Je ne savais pas que tu dansais ! s'exclame Stephen, admiratif.

Elle hausse ses épaules pointues :

– Toutes les filles dansent.

– La plus douée, c'est Maria, affirme Audrey.

Merci, Audrey. Il y a des années que je fais de la danse, et j'adore ça. Stephen me regarde avec un drôle d'air lorsque Pauline bondit sur la terrasse, lève les bras en arceaux et se met à osciller sur les pointes pour m'imiter :

– Maria, c'est ça.

Tout le monde éclate de rire, Auriane plus fort que les autres, et Stephen s'amuse aussi à mes dépens. Ravalant mon dépit, j'annonce :

– Je vous rejoindrai peut-être, si le bateau me ramène à temps.

– Quel bateau ? s'étonne Rebecca.

C'est une bonne question. Je réponds du tac au tac :

– Celui qui m'attendait ce matin, tu as oublié ?

Pas contente, Rebecca. Je me demande pourquoi j'ai dit ça. Sans doute parce que Stephen s'est moqué de moi lorsque Pauline m'a singée. Maintenant, il ne me reste plus qu'à me réconcilier avec Roberto…

Une demi-heure plus tard, j'ai la chance de le trouver sur le quai en compagnie de sa petite bande. Il prend son air renfrogné :

– Tu aurais pu m'avertir !

– C'est ce que j'ai fait.

– Tu parles ! On n'a pas loué le *Fidji* à cause de toi. Mon père est furax.

– Je vais m'excuser.

En me voyant filer vers la boutique paternelle, il me rattrape. En réalité, c'est lui qui est vexé. Il joue les gros durs pour frimer devant ses copains, mais au fond c'est un tendre, Roberto. Il y a longtemps que son crâne rasé et ses shorts de l'armée ne m'impressionnent plus. Il fait toujours ce que je veux, et il n'y a aucune raison pour que ça change. Dans mes moments de grande générosité, je me dis que je devrais sortir au moins une fois avec lui. Mais, si je l'embrasse, il ne va plus me lâcher. Or, il ne m'attire pas. Il n'est ni beau ni romantique. C'est un ami, et un excellent marin, ce n'est déjà pas si mal. Il faut le voir à bord du *Fidji,* en train de manœuvrer les winchs et de se diriger en plein vent !

Je demande :

– Tu veux faire une balade ?

– Où ça ?

– En mer.

Il me regarde entre ses cils avec une attention malveillante :

– Tu pousses, Maria.

C'est vrai, je pousse un peu, je l'avoue. Mon sourire fait place à une moue de résignation, accompagnée d'un brin de tristesse :

– Ce n'est pas grave.

– Où tu veux aller ? grogne-t-il entre ses dents.

– Je ne sais pas... L'île Verte ?

Il observe le ciel en professionnel, puis il se met à la recherche d'un bateau. Apparemment, le *Fidji* est en mer ; Roberto a menti. Il finit par trouver un petit dériveur aux voiles bleues. Il me laisse la barre, grand privilège : c'est toujours lui qui manœuvre pour entrer et sortir du port Saint-Jean.

À peine la digue franchie, nous sommes secoués, car le mistral s'est levé, et Roberto a mis trop de toile. Exprès, pour me punir. Il sait que je déteste naviguer lorsque la mer se creuse. Je serre les dents. Plutôt chavirer que le supplier de rentrer.

– Attache ton harnais !

J'obéis. En mer, Roberto est très différent, sûr de lui, despotique. Il n'a peur de rien. C'est ainsi qu'il me plaît ; mais pas aujourd'hui. Je suis trempée et, avec le vent qui forcit à mesure que nous gagnons le large, je grelotte. Évidemment, il n'y a pas de ciré à bord. J'ai l'air fin, avec mon short et mon top collés à la peau. Les yeux pleins d'eau salée, je surveille tant bien que mal l'horizon.

– Garde le cap !

C'est ce que je fais. Cependant, Roberto me repousse et s'empare de la barre. En tirant des bords, il nous faut trois quarts d'heure pour contourner l'île. Nous revenons au port par vent arrière. Le vent siffle, écrêtant les lames. La digue, enfin. Le calme du bassin. La chaleur. Je suis épuisée. Roberto, implacable, m'oblige à laver le pont et à replier les voiles. Après quoi, nous allons nous faire sécher sur les rochers.

Quand j'enlève mes vêtements, Roberto observe mon maillot noir, très mini. J'aimerais bien que Stephen pose sur moi le même regard.

Stephen. Malgré le gros temps et mon ventre noué je n'ai pensé qu'à lui. Je n'aurais jamais dû le laisser avec les autres. Mais j'avais besoin de savoir où en était mon cœur. À présent, je suis fixée : il est en pleine tempête, en quête d'un paradis qui ne se trouve sur aucune carte.

– Tu as eu peur ? demande brusquement Roberto.

– De quoi ?

Devant mon regard candide, il ricane :

– Demain, je t'emmène à Cassis avec le *Fidji*.

Doubler le cap Canaille par temps de mistral, très peu pour moi ! Pourtant, je bâille avec indolence avant de murmurer :

– Si tu veux.

Chapitre 5

Je n'ai aucune intention d'accompagner les autres à Carnavon. Si nous étions seuls, Stephen et moi, ce serait différent. Mais, avec toutes ces filles autour de lui, dans le meilleur des cas je ferais de la figuration. Non, merci. J'ai envie de danser contre lui, de sentir ses bras se refermer autour de moi.

Amoureuse ? Je crois, oui.

Amoureuse et malheureuse.

Le voilà, le grand amour, celui que j'attendais. Avant, je n'avais jamais ressenti ça, ce bouleversement, cet espoir fou, cette peur panique. Comme la plupart des filles de mon âge, j'ai connu de petites brûlures au cœur, des flirts, des jalousies, des déceptions. Mais rien de comparable.

Et s'il ne m'aimait pas ? Je n'ose même pas l'envisager. Je souffrirais au point de perdre la raison, de tomber malade. D'ailleurs, je suis malade. J'ai attrapé la crève sur ce maudit voilier. J'en veux à Roberto de m'avoir emmenée en mer, séparée de Stephen. Comme si je n'avais pas tout décidé moi-même…

Je tousse. J'ai mal au crâne. Je crois que j'ai de la fièvre. C'est bien ma chance ! J'aurai l'air maligne, demain, avec un nez de clown et des paupières gonflées. Ce soir, ça n'a pas d'importance : de toute façon, je ne voulais pas aller au bal.

En fait, mon esprit est brumeux, je ne sais pas très bien ce que je veux. D'un côté, je brûle d'écrire à Stephen pour lui avouer mon amour. D'un autre, j'ai peur qu'il me repousse, gentiment, poliment : « Tu es si jeune, Maria, si naïve… »

Je suis jeune, oui, et je suis lâche.

Lorsque je pousse le portail d'Antinéa, à six heures, la maison est déserte, les volets sont clos. Rebecca a laissé la clé dans le pot de géraniums et un mot sur la tablette de l'entrée : « Nous allons à Carnavon comme prévu. Tu pourras nous rejoindre là-bas. En attendant, nous sommes à la plage. Si le cœur t'en dit… »

Carnavon est un joli village, niché dans les collines, à trois kilomètres de la maison. Mais mon cœur a d'autres chats à fouetter. J'écris : « Beaucoup de vagues en mer. J'ai attrapé froid et je suis crevée. Ne m'attendez pas. Je ferai un petit tour sur le port, et puis dodo. »

Ils ne vont pas tarder. Je prends une douche, m'habille plus chaudement et me précipite dans l'escalier. Trop tard. J'entends leurs voix. Une porte claque. Je suis prise au piège. Ma mère est au téléphone :

– Docteur Richter ? Ici Rebecca Golding… Antinéa, c'est ça. Le jeune garçon que nous hébergeons s'est blessé au pied… Une entaille, profonde… Le pharmacien a fait un pansement provisoire… Maintenant, oui, ce serait bien. Je vous attends.

Tandis que je descends à pas de loup, Rebecca m'aperçoit.

– Tu es malade, toi aussi ? Décidément, c'est le jour ! Quelle idée de sortir en mer par un temps pareil !

L'arrivée de Stephen m'évite de chercher une justification bidon. Le pied droit bandé, il boite, grimace un sourire.

– Il a voulu faire du surf près des rochers de l'Aigle, explique Rebecca. Résultat, un pied estropié. En plus, il aurait pu se noyer.

Je m'inquiète :

– C'est grave ?

– Une égratignure.

Rebecca secoue la tête avec énergie :

– Une injection antitétanique, et il est bon pour des points de suture. Pour un premier jour, c'est réussi !

– Où sont les autres ?

– Sur la plage. Je dois les récupérer avant d'aller au bal. Pauline a rencontré deux amies de son âge. Audrey les surveille, enfin, j'espère… J'attends Richter. Je préfère avoir son avis.

Je suis prise d'une quinte de toux.

– Il en profitera pour t'examiner.

Je rejoins Stephen, qui est allé s'asseoir dans la véranda.

– Ça va, surfeur ?

– Et toi, marine d'eau douce ?

– On dit *marin*, pas marine.

– Pourquoi ? Parce que les filles ne savent pas naviguer ?

Je fais mine de boxer son pied blessé :

– Ce soir, privé de bal !

– Toi aussi.

Nos regards se rencontrent. Le mien bénit le destin qui nous réunit ici tous les deux. Le sien ? Difficile de savoir, à cause de sa lueur moqueuse. Ce garçon-là est trop beau pour être honnête. Un vrai danger public.

– Tu sais, Stephen…

Rebecca coupe mon élan :

– Voilà le docteur !

Il a fait vite, celui-là. Il est vrai que son cabinet est à deux pas, mais, l'été, il met parfois des heures pour les franchir, ces deux pas. Et là, juste au moment où j'allais avouer… je ne sais pas très bien quoi, du reste. J'ai la tête en feu.

– Un peu de température, constate Richter.

Il prescrit deux ou trois médicaments et me conseille d'éviter la mer durant quelques jours. Même punition pour Stephen. Pas de points de suture pour lui, un pansement cicatrisant fera l'affaire.

– Tant pis pour vous, dit Rebecca. J'emmène les filles au bal. Vous saurez vous débrouiller ?

Je refrène une folle envie de lui sauter au cou et me contente d'un sourire :

– Ne t'inquiète pas.

– On ne rentrera pas trop tard.

« Prends ton temps, Rebecca, prends ton temps. Je m'occuperai bien de ton Anglais. » L'impatience me fait battre le cœur. Je dois être toute rouge, car ma mère pose la main sur mon front :

– C'est vrai que tu as de la fièvre. Tu veux que je passe à la pharmacie ?

– Ça ira pour ce soir.

– Je vais te préparer de l'aspirine.

« J'ai un meilleur médicament, maman. » Le sourire de Stephen suggère qu'il lit dans mes pensées. C'est du propre !

Rebecca n'en finit pas de découper ses tartes salées et sucrées pour le dîner des filles, puis de collectionner les petites laines en prévision d'une fraîcheur nocturne improbable. Inutile de voir danser Pauline et Audrey pour savoir qu'elles ont rarement froid dans ces cas-là.

Lorsque tout est chargé dans la voiture et que les filles sont prêtes à partir, Rebecca se dirige encore vers la maison de nos cousines. Au bout d'un quart d'heure elle reparaît, soucieuse.

– Marine est malade. Cette maison est un hôpital !

Je crains qu'elle ne décide de rester ; mais non, elle monte dans le 4x4. Cette fois, elle s'en va. Je cours dans la véranda. Stephen n'est plus là. Je l'entends sautiller dans l'escalier.

– Attends !

Je l'enlace. Il s'appuie sur moi. C'est lourd, un garçon. Mon cœur, lui, est si léger que, pour un peu, il s'envolerait.

Chapitre 6

Nous sommes étendus côte à côte sur des chaises longues. De gros papillons de nuit tournent autour des lampes de la terrasse. Tout est lointain : le grondement intermittent de la mer, les flonflons du bal du côté de Saint-Jean et les milliards d'étoiles dans un ciel que le vent rend plus limpide.

– Tu n'as pas froid ? murmure Stephen.

– Non.

– Sommeil ?

– Je pourrais rester comme ça jusqu'au matin. Je suis bien…

Un silence. Le temps de prendre mon inspiration, et j'ajoute :

– Avec toi.

Il hoche la tête en souriant sans cesser de regarder le ciel. La lumière des lampes sculpte son visage et lui donne des traits d'Apache. Je demande timidement :

– À quoi tu penses ?

Il sourit :

– À rien.

« Ah bon ! Parce que, moi, il me faudrait des nuits et des nuits pour te dire ce que j'ai dans le cœur. Je t'aime, Stephen. Tu es un garçon merveilleux, doux, délicat, fascinant… Bien sûr, nous avons le temps, mais six semaines passent vite. Et je suis impatiente. Alors, si tu pouvais m'aider un peu… »

Je dis tout bas :

– Je suis heureuse que tu sois là…

Je me mets à tousser, je ne peux plus m'arrêter. Je m'étouffe. Follement romantique !

– Tu es sûre que tu n'as pas froid ?

Je secoue la tête sans pouvoir dire un mot. « Arrête de me demander ça. Tu n'es pas mon père ! »

– Moi aussi, je suis heureux. Ce pays est magnifique !

« Et moi ? » gémit ma petite voix intérieure.

– Pas trop déçue d'être privée de bal ?

« Idiot ! J'aurais donné n'importe quoi pour rester seule avec toi. Et, tu vois, c'est arrivé, dès le premier soir. C'est le signe que nous étions destinés l'un à l'autre. Si au moins je n'avais pas cette affreuse toux, et maintenant le nez qui coule ! »

– Je reviens !

Je cours à la recherche d'un mouchoir. Au passage, je jette un coup d'œil sur la pendule de la cuisine. Dix heures, déjà. Les filles ne vont pas tarder à rentrer. Alors, fini, notre soirée romantique. Je reviens en hâte auprès de mon rêveur, plus fasciné par les étoiles que par les filles. Enfin, à vérifier.

– Tu as une petite amie ?

Plutôt direct, il faut le reconnaître. Stephen fait entendre un petit rire, pas gêné du tout :

– Pas en ce moment. Et toi ?

– Moi non plus.

– Alors, c'est vrai, ce que disait Pauline ?

– Quoi ?

Par bonheur, l'obscurité masque mes joues.

– Pauline dit n'importe quoi pour se rendre intéressante.

– C'est faux, alors ?

Le ton de sa voix laisse percer sa déception, mais je ne sais pas s'il est sincère. J'ai plutôt l'impression qu'il s'amuse à mes dépens.

– Je n'ai pas dit ça.

Il soupire :

– C'est bien compliqué !

– Compliqué et merveilleux.

Je sens son regard posé sur moi. C'est mon tour de contempler les étoiles. Il ne dit rien. Je l'entends se lever, gauchement à cause de son pied blessé. Je supplie intérieurement : « Ne t'en va pas, reste avec moi. »

Il ne part pas. Il se penche et ses lèvres se posent sur les miennes. Des lèvres douces et savantes. Ce n'est pas la première fois qu'il embrasse. Moi, si. Ce qu'il y a eu avant, ça ne compte pas. Juste cinq ou six baisers maladroits. Là, mon cœur bat si fort qu'il risque d'exploser. J'ai envie de gémir, de pleurer. Je ne fais pas un geste. Mes bras restent le long de mon corps tandis que mes lèvres répondent aux siennes. Et, sous mes paupières closes, mes yeux continuent à voir les étoiles.

Je soupire :

– Mon amour.

Puis je me mets à tousser. Heureusement,

Stephen s'est écarté. Il attend, patient, la fin de la quinte et s'inquiète :

– Tu vois, tu as froid.

Je fais non de la tête. Je n'ai pas froid, mais la magie est rompue. Stephen me prend les mains et m'extrait de ma chaise longue :

– Viens, on rentre.

Il m'entraîne en boitillant vers la maison. Je me laisse faire. Je me sens lasse, engourdie de bonheur, faible à l'extérieur et toute brûlante à l'intérieur.

Dans le hall, Stephen s'arrête. Je crois qu'il va m'embrasser… Non, il s'appuie seulement sur moi pour gravir l'escalier. Nous ne prononçons pas un mot. Nos corps se touchent. Quand il tourne la tête, son souffle m'effleure le visage. Je le sens aussi ému que moi. À mi-palier, soudain désenlacés, nous vacillons et manquons de tomber en arrière. D'une main, il se retient à la rampe, de l'autre, il me ramène contre lui, bien serrée. Nous partons d'un rire nerveux, qui s'achève pour moi dans un accès de toux. Pendant ce temps, il presse avec tendresse mon visage sur sa poitrine en me caressant les cheveux. Il sent la mer, le sel, un léger parfum de fleur acide qui me trouble.

Quand nous arrivons en haut, je me demande s'il va m'emmener dans sa chambre. Il se contente de m'embrasser sur la joue en chuchotant :

– À demain.

Il m'abandonne sur le palier, frissonnante, un peu déçue. Cependant je ne suis pas mécontente de me retrouver seule, afin de me replier sur mon amour, de réfléchir au bonheur si soudain qui me brûle. Je me dépêche de me coucher. Blottie dans mon lit, j'écoute la nuit. Le vent s'est calmé. La musique s'est tue. On entend le crissement assourdissant des cigales et, quand il s'arrête brutalement, le chant des grenouilles venu des bassins voisins.

Je fais des milliers de projets pour nous deux : nous irons à la pointe des Miougranes, ou bien dans le jardin du Roucas, qui domine la mer. Des lieux poétiques où j'ai souvent rêvé à des nuits magiques comme celle-là.

Vers minuit, j'entends les autres rentrer. Elles chuchotent pour ne pas nous réveiller. Rebecca porte dans ses bras Pauline endormie. Elle la déshabille et la couche, puis elle se penche vers moi, m'embrasse sur le front. Les yeux fermés, je l'entends murmurer :

– Elle est encore fiévreuse.

– J’éteins la lampe : elles vont être dévorées par les moustiques.

Ça, c’est Audrey. Elles s’éloignent. Moi, je m’en vais en rêve du côté de celui que j’aime.

Chapitre 7

Le mistral est parti durant la nuit, comme un voleur. Il fait déjà très chaud. Quelle heure est-il ? Sept, huit heures ?

Installée sur un banc de pierre, j'écris dans mon journal posé sur mes genoux. Depuis bientôt une heure, je noircis des pages et des pages : le sourire de Stephen, les yeux de Stephen, les lèvres de Stephen, le sujet est inépuisable.

Autour de moi, il y a quatre gros platanes, un cercle de bancs et, au centre, une fontaine muette. On dirait un petit square - une idée de grand-père. C'est l'endroit que je préfère pour écrire, après ma chambre, bien sûr. Mais je n'ai plus de chambre : je l'ai donnée à celui que j'aime, et je suis heureuse à la pensée qu'il touche mes affaires et peut sentir constamment ma présence.

De mon banc, j'entrevois la mer à travers les arbres et, entre deux haies de lauriers, la terrasse, où Rebecca et Audrey installent la table du petit déjeuner. Marine a fait une apparition, languissante, avant de regagner sa chambre. Puis Auriane est venue se servir en disant bonjour du bout des lèvres.

Les volets de Stephen sont toujours fermés. Quelle marmotte ! Contrairement à lui, je me suis réveillée de bonne heure, avec une folle envie de rire et de chanter. Mon bonheur doit être manifeste. Après tout, je m'en moque. Je voudrais que le monde entier sache que nous nous aimons. Pour une fille qui rêvait d'une passion secrète !

– On dirait que tu vas mieux, toi, a constaté maman.

Et Audrey m'a souri. Je n'ai plus mal à la gorge. Pour la fièvre, c'est une autre histoire !

Je retourne à mon journal lorsque Pauline sort de la maison, le pas traînant et l'air renfrogné.

– Tu es folle de te lever si tôt ! s'écrie maman.

– Je n'ai pas fermé l'œil. Elle a ronflé toute la nuit.

La menteuse a dormi comme une souche, mais je suis de trop bonne humeur pour la contredire.

– Désolée, sœurette, j'ai pris froid. C'était bien, le bal ?

Pauline se réveille soudain :

– Super ! On a dansé pendant trois heures.

– Elle ne s'est pas arrêtée, confirme Audrey en riant. Je ne l'ai jamais vue aussi déchaînée.

– Tu sais quoi ? vient me chuchoter l'indiscrète. Audrey a rencontré un mec.

– Pauline ! gronde Rebecca.

– Un garçon, soupire la petite. Il s'appelle Gilles. Il est assez mignon. Ils ont rendez-vous ce matin sur la plage, près du *Palmier*, le petit café.

– Pauline ! proteste à son tour Audrey. Et d'abord comment tu sais ça, toi ?

– J'ai des yeux et des oreilles, réplique la petite avec effronterie.

– Une grande langue, surtout, ajoute Rebecca.

Les volets de mon ancienne chambre claquent et Stephen paraît, torse nu, ses boucles brunes en bataille sur le front. Il les rejette en arrière et me sourit. À moins que ce soit au ciel bleu et à la mer. Non, ce sourire est pour moi. D'un geste discret, il me fait signe qu'il va descendre. Comme je m'inquiète de savoir si Pauline a remarqué notre manège, je la trouve plongée dans la lecture de mon journal, que j'ai imprudemment laissé sur le banc.

Je le lui arrache des mains :

– Surtout, ne te gêne pas !

– Attends, c'est marrant.

C'est tout ce qu'elle trouve à dire. En plus, elle tend une main insistante, que je repousse avec vigueur :

– Tu as fini, oui ? C'est personnel.

– Personnel et confidentiel, dit-elle, moqueuse. Je ne savais pas que tu étais fâchée avec Léa.

Une chance qu'elle n'ait pas feuilleté les dernières pages ! Il faut que je cache avec soin ce maudit journal, sinon elle va encore fourrer son nez dedans. Il y a bien une planque dans mon ancienne chambre, mais ce n'est pas très pratique, sans compter que la curieuse n'hésitera pas à fouiner chez Stephen.

– Je l'aimais bien, Léa, poursuit-elle.

– Moi aussi.

– On ne le dirait pas !

Ce qu'elle peut être casse-pieds, quand elle s'y met ! Mais ce matin je suis trop heureuse pour me fâcher. Sourire complice.

– Entre filles, tu sais bien, il y a toujours de petites disputes, rien de sérieux. La nôtre est oubliée depuis longtemps.

– Je préfère ça.

Elle est si drôle, avec son museau rond et son air sérieux, que je ne peux pas me retenir de l'embrasser. Je récolte une grimace.

– Qu'est-ce qui te prend ? Tu vas me refiler ta crève !

– Râleuse !

Stephen, que nous n'avons pas entendu venir, se dresse entre la haie et le banc. Il attrape Pauline et l'embrasse sur les deux joues. La petite chatte rentre aussitôt ses griffes. En ce qui me concerne, il se contente de me caresser les cheveux. Je tends les lèvres. Les siennes se posent sur ma joue. C'était mieux hier !

– Le déjeuner est prêt !

Pauline se précipite. Je marche devant Stephen pour lui permettre de remarquer mon pantalon moulant et mon dos nu. Le spectacle n'est pas désagréable, paraît-il. En chemin, j'essaie de prendre sa main. L'ingrat ne fait que l'effleurer. Il ne tient pas à révéler ce qui s'est passé entre nous, et j'en éprouve du dépit.

À table, pour une fois, tout le monde semble de bonne humeur, même Marine, dont la migraine a subitement disparu. Pauline décrit le bal avec sa drôlerie coutumière. Quand elle se tait, Marie-Charlotte dit soudain :

– Je vous ai vus, hier soir, en rentrant.

C'est à nous deux qu'elle s'adresse. Je jette un bref coup d'œil à Stephen. Il s'étonne :

– Tu es rentrée tôt !

– Trop tôt ?

– Pourquoi tu ne nous as pas rejoints ?

– J'ai eu peur de vous déranger.

Le ton est sarcastique, plein de sous-entendus. Elle a dû surprendre notre baiser. Si elle croit m'embarrasser, elle se trompe ! Je m'étire avec nonchalance :

– La nuit était divine.

– Tu n'es pas restée dehors trop longtemps ? s'inquiète Rebecca.

Je la rassure d'un sourire :

– Non, tu vois, je suis guérie.

– Tu m'indiqueras ton remède, insiste

Marie-Charlotte avec une aigreur qui trahit sa jalousie.

Il faut reconnaître qu'il est beau, mon Anglais, et que j'ai beaucoup de chance. Pourquoi moi ? À part papa, qui a toujours eu un faible pour moi, les gens préfèrent habituellement la beauté d'Audrey, l'intelligence d'Auriane ou la drôlerie de Pauline. Moi, je suis rêveuse, tourmentée, fantasque. Je vis à l'écart. Les autres ont du mal à me comprendre, et leurs opinions me déconcertent. À mon avis, je les mets mal à l'aise. Mais, après tout, c'est peut-être cette singularité qui plaît à Stephen.

C'est fou ce qu'il est brun – ses yeux, ses cheveux, sa peau. Un pirate des mers du Sud. Raleigh. C'est ça, il ressemble au jeune Raleigh, dont j'ai lu les aventures dans un roman de grand-père, un vieux livre rouge et or de distribution des prix.

– Qui est-ce qui m'accompagne à la plage ? demande Audrey.

– Moi, répond aussitôt Stephen.

Je pense qu'il va me proposer de venir, mais il n'a pas un regard pour moi. Il me fuit, ou quoi ? Dire que je rêvais d'une balade et d'un tête-à-tête amoureux !

– Tu ne vas pas à la mer avec ton pied blessé, décrète Rebecca.

J'enchaîne en imitant son ton maternel :

– Le docteur te l'a interdit.

– Et puis Audrey préfère sans doute être seule devant son palmier, suggère Pauline, malicieuse.

– Justement pas, vilaine pie, dit Audrey. Avec Stephen, personne ne viendra m'embêter.

– Mademoiselle a besoin d'un garde du corps.

– Je ne me baignerai pas, promet Stephen.

J'ai envie de crier : « Et moi ? » On dirait que je n'existe pas. Stephen évite mon regard, comme s'il regrettait ce qui s'est passé entre nous, hier soir. Subitement, l'idée de le savoir seul sur la plage avec Audrey me brise le cœur.

Je dois avoir l'air désemparé, car Rebecca s'inquiète :

– Et toi, ma chérie, qu'est-ce que tu vas faire, ce matin ?

Je joue les indifférentes :

– Bouquiner, je crois.

Un peu plus tard, installée sur mon banc, je regarde s'éloigner mon pirate boiteux à côté d'Audrey, en short et maillot blancs.

– Joli spectacle ! commente Pauline, sournoise.

Je pense tristement : « S'il se retourne vers moi avant de passer le portail, c'est qu'il m'aime, sinon il ne s'agissait que d'un jeu. »

Il sort. Puis, à l'instant où je me dis que tout est fini, il tourne la tête et me sourit.

Chapitre 8

Le sourire de Stephen était peut-être une invitation. Si j'avais été maligne, je les aurais accompagnés, au lieu de rester dans mon coin. Maintenant, je maudis l'orgueil qui m'a clouée à ma place. L'indifférence de Stephen m'a humiliée. Au fond, j'ignore ce qu'il éprouve pour moi. Je lui ai avoué que j'étais amoureuse ; lui n'a jamais parlé d'amour. Le baiser qui a bouleversé ma vie n'était peut-être pour lui qu'une distraction.

Je mets tout cela en vrac dans mon journal. Tant que j'écris, les autres me laissent en paix. Ils ont l'habitude de me voir noircir mes pages quadrillées. Seule Pauline a remarqué quelque chose d'inhabituel. Elle est observatrice, et drôlement futée pour son âge. Elle est allée se baigner avec ses amies. Elle est revenue très vite, et maintenant elle rôde autour de moi :

– Tu n'as pas bougé depuis ce matin ?

– Non, tu vois, je suis encore enrhumée. L'eau était bonne ?

– Comme d'habitude.

J'aime son air désenchanté. Je demande :

– Tu as vu maman ?

– Elle est au marché avec Marine.

– Et Audrey ?

– Sur la plage.

– Avec Stephen ?

– Yes.

– Ils se baignent ?

– Ils cuisent en bavardant.

– Et ce Gilles ?

– À mon avis, elle préfère Stephen.

Je devine qu'elle a dit ça pour me tester. Pendant que je l'interrogeais, elle n'a pas cessé de m'épier à travers ses cils. Comme je souris, elle constate :

– Tu as l’air triste.
– Qui, moi ?
Mon rire sonne faux. Tandis que je me replonge dans mon journal, elle lance brusquement :
– Je sais qu’il t’a embrassée.
Je fais un effort héroïque pour ne pas lever la tête et demande d’une voix sourde :
– Qui t’a raconté ça ?
– J’ai entendu Marie-Charlotte en parler à maman. Mais je ne le répéterai à personne, je te le jure.
Je souris amèrement. À quoi bon ? Tout le monde est déjà au courant. Dans cette maison, impossible d’avoir une vie privée. Chacune se mêle des affaires des autres. On fouille les cœurs comme les tiroirs.
– Tu l’aimes ? insiste Pauline.
– Laisse-moi, ma puce.
Je suis à bout. Si je savais où aller, je quitterais sur-le-champ cette maison qui m’étouffe. J’approuve Stephen d’avoir pris le large. Il a dû sentir qu’on le guettait, le jugeait. Comment lui reprocher de vouloir échapper à cette inquisition ?
Pauline fait mine de partir, puis elle revient et me pique un petit baiser sur le front. C’est si

inhabituel de sa part que je suis prise d'une grosse envie de pleurer. Ai-je l'air désespérée au point d'attendrir ce hérisson ? J'ai juste le temps de me moucher avant l'arrivée du 4x4 piloté par Rebecca. Comme je me précipite pour l'aider à porter ses paniers, elle remarque mes yeux rouges :

– Ça ne va pas ?

– C'est mon rhume qui recommence.

– Tu as bien fait de ne pas aller à la plage.

Je connais assez ma mère pour comprendre que sa phrase est à double sens. Elle signifie : « Ne te frotte pas trop à Stephen. » Mais pourquoi Audrey et pas moi ? À cause de mon caractère passionné ? De ma jeunesse ? Je sens qu'elle va vouloir me conseiller, me consoler, me guérir, avec sa douceur coutumière. Sa douceur insupportable. Surtout pas !

Après avoir déposé les paniers sur la table de la cuisine, je m'enfuis à l'autre bout du jardin, mon journal sous le bras. C'est toujours là que je me réfugiais jadis quand j'avais de la peine. Il y avait une cabane, un mur couvert de rosiers grimpants et un chêne vert, au sommet duquel je montais pour apercevoir les îles. Après la mort de grand-père, cette partie du parc a été laissée à l'abandon. La cabane pourrit sur le sol, les rosiers sont retournés à l'état sauvage et les ronces ont tout recouvert. J'ai du mal à atteindre mon chêne et à me hisser sur sa fourche. Lorsque j'y parviens, j'ai les jambes lacérées. Le feuillage sombre masque la maison, et mon chagrin.

Je voudrais écrire à Stephen, mais je n'en ai pas le courage. C'est à lui de s'expliquer ; moi, je n'ai plus rien à dire. Je suis lasse. Les yeux fermés, je me mets à rêver. Au bout de quelques minutes, j'entends la voix lointaine de Rebecca crier mon nom. Désolée : je suis hors d'atteinte, au-delà des nuages. Hélas, mon rêve me désobéit. Chaque fois qu'il m'emporte, je bute sur la vision de Stephen et d'Audrey étendus l'un près de l'autre sur le sable. Il me faut beaucoup de volonté, ou d'orgueil, pour ne pas sauter au pied de mon arbre et courir les rejoindre.

Au bout d'un certain temps, je prends mon journal et mon stylo. L'écriture m'apaise. J'invente une histoire, un voyage en compagnie de Stephen sur la côte italienne. Nous sommes sur un voilier. La mer est agitée. Soudain, la silhouette de Roberto s'interpose. Pourquoi n'est-ce pas lui que j'aime ? Ce serait si simple… Simple, oui, mais pas aussi merveilleux. Stephen n'est pas un garçon comme les autres. Il est si proche de moi. Nous ne formons plus qu'un. Je vois ses yeux, je sens ses lèvres, j'entends sa voix.

Cette voix, ce n'est pas un rêve.

– Hello, Robinson !

Il est au pied de l'arbre, le visage levé vers moi. Je fais la moue :

– Je voudrais bien être Robinson, à cause de l'île déserte.

– Avec moi, j'espère.

– Pas sûr.

Il empoigne une grosse branche :

– Je peux ?

Sans attendre la réponse, il se hisse à la force des bras, se rétablit et s'assied sur la fourche, à côté de moi. Au cours de l'exercice, son pied blessé heurte le tronc. Il pousse un gémissement. Je demande :

– Comment tu vas faire pour redescendre ?

– Tu m'aideras.

Son sourire me désarme. Soudain, il saisit mon journal et demande :

– Je peux ?

Je me dépêche de récupérer le cahier compromettant et de le mettre en sûreté.

– Non, tu ne peux pas : c'est mon journal intime.

– Il parle de nous ? Si c'est le cas, il m'appartient un peu.

Et puis quoi encore ? Ses yeux ont une douceur inaccoutumée, à laquelle je refuse de me laisser prendre.

– Tu aurais dû mettre de la crème, tu as un coup de soleil.

Il hausse les épaules et monte un peu plus haut pour contempler la mer.

– On devrait couper, non ?

– Couper quoi ? Le feuillage ? Surtout pas : j'aime bien ce côté sauvage.

« J'aime surtout ton sourire, tes jambes maigres et musclées sous ton short trop grand, tes mains, tes longs doigts, ta bouche, tes lèvres si douces, mon amour… »

– On y va ?

– Où ça ?

– À la maison. Ta mère m'a demandé de te ramener.

– C'est pour ça que tu es venu ?

Il me lance un regard indéchiffrable. J'ai envie de le secouer pour l'obliger à sortir de ce mutisme horripilant. En tout cas, Rebecca peut attendre. « Il était question de tes lèvres, mon amour. C'est un beau sujet. Si on poursuivait un peu notre conversation d'hier soir ? »

– Tu m'aimes ?

– Beaucoup.

Mauvaise réponse. Il aurait suffi de dire oui. Je suis dépitée, même si la tendresse du regard excuse la pauvreté de l'adverbe.

– Tu veux bien m'embrasser, dis ?

Il s'exécute avec maladresse, en raison de notre équilibre précaire. Sur notre branche, ce n'est pas le baiser le plus réussi, mais assurément le plus acrobatique.

Chapitre 9

J'ai encore sur les lèvres le goût de son baiser. Mais je ne peux pas m'empêcher de penser qu'il m'a donné gentiment ce que je lui ai demandé. On ne peut pas dire que ce soit la folle passion. Tandis que je l'aide à descendre du chêne, l'espace d'un instant nos deux corps se trouvent l'un contre l'autre. Je suis troublée; lui reste de marbre. Tous les Anglais sont-ils comme lui: stoïques, imperturbables, ou insensibles? Peut-être joue-t-il un rôle? Je vais bien voir:

– Tu es sorti avec Audrey ?

Il me jette un regard étonné :

– Tu le sais bien.

Réalisant que le sens de « sortir » lui échappe, je précise :

– Tu l'as embrassée ?

– Non.

– Tu vas l'embrasser ?

– Ce n'est pas prévu.

Cette ironie me fait bouillir. Sa beauté sombre et son flegme peuvent faire chavirer toutes les filles de la Terre. Il le sait. Je le déteste.

À table, j'en ai la confirmation, comme si c'était nécessaire ! Il y a un peu plus de vingt-quatre heures qu'il est là et, déjà, elles sont aux petits soins pour lui. Toutes les six. Auriane l'égoïste lui demande des nouvelles de son pied. Pauline, si susceptible, accepte ses taquineries avec le sourire. Même Audrey, qui n'est pas de l'espèce à prendre feu, lui adresse des sourires complices. Marie-Charlotte fait remarquer que son accent est sexy. Comme si elle savait ce que c'est !

Marine et Rebecca ne sont pas en reste. Je sens qu'elles échangeraient volontiers leur troupeau de filles contre un fils dans son genre.

Je suis jalouse. Et, croyez-moi, ça fait mal. Stephen semble prendre un malin plaisir à me faire souffrir. Sous ses regards tendres et admiratifs, les autres se sentent belles, même Auriane qui ne l'est pas !

Les Français ne sont pas comme lui, ceux que je connais en tout cas. Je les trouve lourds, brutaux, vulgaires. Même Roberto, si gentil quand il veut, se montre souvent grossier. À côté d'eux, Stephen fait figure de prince. Dommage qu'il soit si sûr de lui.

– Je suppose que notre partie de tennis est annulée, dit Marie-Charlotte.

Sourire de charme de l'Anglais :

– Tu ne perds pas grand-chose : je suis certain que nous ne jouons pas dans la même catégorie.

Sa modestie sonne faux, comme ses compliments. Non, je sais que je suis injuste. Je lui en veux de me séduire et de me jeter ensuite. De m'aimer « beaucoup », comme le soufflé de Rebecca. De m'embrasser sans perdre la tête. De me troubler à son gré. Si je pouvais lui rendre la pareille ! Le problème, c'est que j'en suis incapable. Je suis folle de lui, fascinée par le moindre de ses regards, furieuse de ce qui le détourne de moi.

– Tu m'accompagnes à la plage ? demande Audrey.

– Si tu veux, dit Stephen.

Elle y prend goût, la sage Audrey. J'annonce :

– Je viens aussi.

Stephen me caresse des yeux. Il est content. Du coup, mon chagrin s'envole. J'ai envie de lui plaire. Je me mets à parler du *Baron perché*. Tout le monde m'écoute, et Stephen est le plus attentif. Comme chaque fois qu'il s'agit de livres, Auriane essaie de faire dévier la conversation sur ses propres lectures. Raté. Rebecca et Marine lui coupent la parole. *Le baron perché* garde la vedette. J'emmène tout le monde dans les arbres du côté de Basse-Olive.

– Tu me le liras, ce soir, dis ? supplie Pauline.

– Je te le prêterai quand je l'aurai fini.

Elle renifle, rageuse :

– Si tu ne veux pas, je m'en fiche !

– D'accord, je te le lirai, deux pages chaque soir, c'est promis.

– Moi, ce que je voudrais lire, c'est ce que tu écris, déclare Stephen.

Je pense qu'il fait allusion à mon journal pour me taquiner, et il précise :

– Ton roman, *La fille du vent*.

Qui lui a parlé de ça ? Auriane ? Audrey ?

– Je l'ai jeté.

– Je l'ai récupéré, dit ma mère avec douceur. Il est tout taché, mais tu peux le recopier.

– Comme ça, tu me feras la lecture, chaque soir, pour m'endormir, ajoute Stephen.

Comme il a parlé sur le ton de la plaisanterie, les autres rient. Pauline glousse :

– Le gros bébé !

– Je ne lis pas très bien le français, se défend Stephen.

C'est peut-être vrai, mais j'ai senti une invitation, une promesse. Bien sûr, je n'irai pas lui faire la lecture ; en revanche, je me promets de lui écrire. Pas un conte, ni un poème : une lettre d'amour. Chaque jour. Il la trouvera en se couchant sous son oreiller.

– Vous m'aidez à débarrasser ? demande Rebecca.

Elle force Stephen à se rasseoir :

– Pas toi.

– Je ne suis pas infirme.

– Les autres non plus.

Je m'affaire joyeusement. La journée est radieuse depuis que le garçon que j'aime m'a fait comprendre qu'il m'aime aussi.

– Mollo avec les assiettes ! gronde Rebecca.

Je m'adresse en riant à la vaisselle :

– Pardon si je vous ai choquées, chères précieuses porcelaines.

En réalité, ces assiettes sont des horreurs, lourdes, jaunâtres, ébréchées. Ma mère m'observe. Je connais bien ce regard inquisiteur, et je sais ce qu'il signifie : elle se demande ce qui provoque mes sautes d'humeur, ces passages du chagrin muet à la gaieté explosive. Ou plutôt elle s'en doute, car ses yeux vont de Stephen à sa cadette, moi.

« Ne t'inquiète pas, maman, je m'occupe de mon cœur. Sérieusement. »

– Tu es bien jolie, aujourd'hui.

– Moi ?

Je regarde avec stupéfaction ma tante Marine, peu prodigue de compliments.

– Ce sont tes yeux.

– Qu'est-ce qu'ils ont, mes yeux ?

– Ils sont pleins d'étoiles.

Je monte les escaliers quatre à quatre, arrache mes vêtements, enfile mon maillot et me recoiffe lorsque Pauline fait irruption dans la chambre :

– Je viens aussi.

– Si tu veux, petit crabe. Mais, je te préviens,

je vais t'enterrer sous le sable et te livrer aux gabians.

Histoire de lui donner un avant-goût des supplices que je lui promets, je la renverse sur son lit et la chatouille. Elle se débat en hurlant.

– N'oubliez pas la crème solaire, recommande Rebecca.

– Tu ne viens pas ?

– Plus tard, il fait beaucoup trop chaud. Pour vous aussi, du reste.

– Pas dans l'eau.

– C'est à Stephen que je pense. Il ne peut pas se baigner.

– On lui louera un parasol, à ce pauvre petit !

– Je l'arroserai de temps en temps, promet Pauline, comme une plante verte.

Tandis que Marie-Charlotte et Auriane vont à la piscine du club en arborant leurs somptueuses tenues de bain – noblesse oblige – nous suivons, Audrey, Pauline, Stephen et moi, la traverse qui mène à la plage. Stephen s'est confectionné une énorme sandale avec une semelle de caoutchouc et des lanières qui enveloppent son pansement.

– Ravissantes, tes pompes Dior ! s'extasie Audrey.

C'est elle qui est ravissante dans son maillot

noir de vingt grammes. Comme s'il était trop grand, une fois sur le sable, elle enlève encore son soutien-gorge. Ses seins sont mignons. Les miens aussi, mais hélas trop menus pour m'inciter à l'imiter.

Elle a beau me répéter que je serai plus jolie qu'elle, ma gentille sœur, j'ai des yeux pour voir. Stephen aussi. C'est pourquoi je me réjouis de la voir se jeter à l'eau avec Pauline. Je reste seule avec mon Anglais sous le soleil brûlant.

– Tu ne veux pas un parasol, tu es sûr ?

– On est bien comme ça.

– Mets au moins de la crème.

Il m'offre son dos. Mes mains s'affolent et je suis si troublée que je renverse une partie du tube sur ma serviette.

– Tu en veux aussi ?

– Pas tout de suite.

Surtout pas !

Nous nous étendons sagement côte à côte, bercés par le bruit de la mer et les cris des mouettes. La voilà, notre île déserte. Je nous imagine seuls au monde, sur une terre perdue au milieu du Pacifique. Le temps s'est arrêté.

– Tu es bien ? murmure Stephen.

Je pousse un gémissement d'aise sans ouvrir les yeux.

– Il manque un petit quelque chose, non ?

– Quoi ? Une boisson fraîche pour monsieur ? Un air de blues ? Un oreiller ?

Une ombre s'interpose entre le soleil et moi. Des lèvres se posent avec douceur sur les miennes. Cette fois, je n'ai rien demandé.

C'est vrai que ça manquait !

Chapitre 10

Mon amour,

J'aime tout ce que tes yeux noirs caressent : l'été, la mer, le ciel, les arbres, même moi, pour une fois. Je regarde mon miroir, pas pour demander : « Suis-je la plus belle ? », mais pour contempler une fille heureuse. C'est vrai que mes yeux brillent, comme les milliards d'étoiles qui s'allument pour nous deux chaque nuit. Dors bien, mon bel amour. Je t'enveloppe de tendresse et mêle mes rêves aux tiens.

Maria.

Hier soir, j'ai glissé la lettre en douce sous son oreiller. Ce matin, j'attends ma réponse. Pas une lettre, non, car il m'a confié qu'il avait du mal à écrire, en anglais aussi bien qu'en français. Juste un mot tendre, un sourire.

Je n'ai rien eu, ou si peu. Il s'est levé tard et a fait la bise à tout le monde. Quatorze baisers. Les deux miens étaient comme les autres, ni plus affectueux, ni plus insistants. Deux baisers matinaux, distraits, ensommeillés. J'ai d'abord cru qu'il n'avait pas trouvé la lettre, mais quelques instants plus tard, après avoir bu son bol de café, en me frôlant dans le jardin, il m'a dit que j'étais gentille. Je suppose que cela voulait dire merci.

Gentille ! J'ai beau savoir que son français est parfois approximatif et qu'il lui arrive d'employer un mot pour un autre, cette gentillesse-là me blesse, surtout exprimée sur un ton de politesse.

– Tu viens te baigner ?

Hier, sur le sable, il était beaucoup plus éloquent. Contrairement à mon attente, il secoue la tête :

– J'ai promis à ta sœur…

Je le coupe :

– Audrey ? Qu'est-ce que tu lui as promis ?

– De l'aider à écrire à sa correspondante d'Ashley.

– Ça peut attendre ce soir, non ?

– Elle veut tout de suite.

Elle veut ! On dirait qu'il fait exprès de me pousser à bout. Si pour une fois il s'occupait un peu de mes propres désirs, au lieu de ceux de ma sœur ? J'ai envie de le brusquer et de lui demander de choisir entre elle et moi. Je n'ose pas : et s'il préférait Audrey ? Je m'accroche désespérément à ce qu'il m'accorde : baisers tendres, baisers volés.

– Je vais sur la plage. Tu me rejoindras plus tard ?

– OK.

Avec lui, c'est toujours oui. Le drame, c'est qu'il ne refuse jamais rien à personne. Comment savoir ce qu'il pense, avec cet air éternellement prévenant et ce sourire énigmatique ?

J'emmène Pauline, dont le bavardage me distrait de ma mélancolie. Nous jouons dans l'eau, puis je lui lis *Le baron perché,* commencé la veille. Elle rit, parce que le bruit des vagues et les cris des enfants m'obligent à hurler. Je m'arrête, épuisée :

– Je continuerai ce soir.

Aussitôt, elle se met à bouder.

– Je lirai plus longtemps.

– Chouette ! J'adore.

Elle regarde vers le bosquet de pins qui délimite la plage.

– Steph ne vient pas ?

– Il travaille avec Audrey.

– Quel travail ?

– Ils écrivent une lettre.

– Il leur en faut du temps !

Elle n'est pas dupe de mon indifférence. La veille, elle nous a vus sur le sable.

– Elle n'est pas amoureuse de lui, tu sais.

– Qui ?

– Audrey. Elle me l'a dit.

– Pourquoi elle t'a raconté ça ?

– Parce que je le lui ai demandé, tiens !

Quel culot ! Il faut toujours qu'elle se mêle des affaires des autres. Et elle le fait avec tant de naturel qu'on s'y laisse prendre. Souvent, sa curiosité me met hors de moi. Mais le contraste entre son visage d'ange et son air blasé est si comique que j'explose de rire. Pauline rit aussi. Bientôt, nous nous roulons sur la serviette, secouées de spasmes nerveux. En définitive, mes craintes étaient injustifiées. Nous ne nous entendons pas trop mal, toutes les deux, malgré notre différence d'âge. Notre cohabitation est même agréable.

Soudain, Pauline se calme, s'assied et soupire :

– Voilà l'amour de ta vie !

Je me redresse en hâte, croyant voir Stephen. Ce n'est que Roberto. Devant mon air déçu, il grogne :

– Une balade en mer, ça te dirait ?

– C'est super, d'avoir pensé à moi, répond Pauline.

Roberto lui accorde un bref regard :

– Tu es trop petite pour aller aux Embiez.

Parole imprudente.

– Pourquoi ? Il y a une taille réglementaire, comme pour les poissons ?

– Je n'ai rien à faire d'un gobi !

Je me dis que l'allusion au poisson minuscule va la mettre en rage, mais elle se contente de hausser les épaules :

– Pas de bol ! Tu vas faire joujou tout seul avec ton bateau, parce que Maria a rendez-vous avec Stephen.

Roberto fronce les sourcils, puis il sourit d'un air sceptique. Il pense qu'il s'agit d'une nouvelle taquinerie de la petite peste. Juste à cet instant, j'aperçois Stephen. Il est seul.

Audrey a eu la bonne idée de rester à la maison. En le voyant, Pauline agite la main et se précipite à sa rencontre, pleine d'une affection débordante. Elle lui prend la main pour souligner notre intimité avec le jeune Anglais.

Les deux garçons se retrouvent face à face. Ils sont de la même taille, bruns et musclés, Roberto est plus lourd que son rival, Stephen plus élancé. Pendant quelques instants, ils se mesurent du regard, puis Roberto fixe le pied de l'Anglais :

– Accident de foot ?

– De surf.

Quand je fais les présentations, ils se serrent la main, mais on voit bien que le cœur n'y est pas. La mine sombre de Roberto réjouit Pauline, qui savoure sa vengeance. Moi, j'observe Stephen. Jamais il n'a été aussi tendu. Je soupçonne Pauline de lui avoir raconté que Roberto se mourait d'amour pour moi. En tout cas, c'est réussi : il est jaloux. Je le vois à son air rogue. Et Roberto est dans le même état. Ce n'est pas désagréable de les savoir jaloux tous les deux. Je suggère, candide :

– Si on allait tous en mer ?

– Le voilier est trop petit, grommelle Roberto. Une autre fois.

Il dit ça pour la forme. Je sens qu'il est ulcéré. Quand il s'en va, Stephen retrouve miraculeusement son flegme pour demander :

– Qui c'est ?

– Un copain.

– Il est dingue de Maria, ajoute Pauline, les yeux au ciel.

– Idiote !

– C'est vrai, tu sais, chuchote l'incorrigible. Le pauvre se consume d'amour.

Se consume ! Où a-t-elle appris ce mot ?

– Mais Maria n'aime que toi ! lance-t-elle avant de se sauver en riant.

Je la poursuis, puis j'abandonne et je rejoins Stephen :

– Ne l'écoute pas. Elle raconte n'importe quoi.

– Ce n'est pas vrai ?

– Elle exagère.

– Pour Roberto ou pour moi ?

Je le dévisage en silence et, d'un geste tendre, je repousse la boucle brune qui lui tombe sur les yeux. Cette réponse muette ne lui suffit pas ; il m'attire sur le sable et me harcèle de questions : Depuis quand je connais Roberto ? Où il habite ? Est-ce que je suis sortie avec lui ?

Il a bien saisi le sens de l'expression, cependant je fais semblant de ne pas comprendre :

– En mer, quelquefois.

Stephen insiste :

– Il t'a embrassée ?

– Jamais.

En disant ça, je regarde ses lèvres. Impossible d'être plus explicite. Au lieu de répondre à l'invitation, Stephen arrache son T-shirt et contemple la mer. J'admire son profil dur, osseux, et l'expression rêveuse de son regard. Soudain, il se tourne, saisit mon visage et m'embrasse. Pauline, revenue en douce, observe la scène avec curiosité. Quand Stephen se détache de moi, elle demande :

– Il embrasse bien ?

Je fais la moue, sans quitter mon Anglais des yeux :

– Pas mal.

Chapitre 11

– Tu n'as pas vu Stephen ?

Rebecca continue d'étendre son linge sans m'accorder un regard. Comme je m'impatiente, elle finit par dire :

– Il est à l'hôpital. On lui enlève son pansement.

– Il y est allé tout seul ?

– Je l'ai accompagné, mais j'ai dû revenir, car ta tante est souffrante. Nous attendons le docteur. Audrey est restée avec Stephen.

– Pourquoi tu ne m'as pas prévenue ?

– Je ne savais pas où tu étais.

– Quand tu as besoin de moi, tu sais me trouver, pas vrai ?

– Baisse le ton, s'il te plaît !

La voix de Rebecca est douce, mais ses yeux ont une sévérité inhabituelle. Je maudis mon emportement. Pour me faire pardonner et masquer mon dépit, je me penche sur le baquet de linge :

– Si tu veux, je vais finir.

Aussitôt, elle s'attendrit :

– Personne ne va te le prendre, ton Anglais.

Je lui adresse une moue sceptique. Ce n'est pas d'Audrey que j'ai peur, mais de lui. Malgré ses baisers, il ne m'a jamais dit qu'il m'aimait. Pas vraiment. Et les quatre lettres que je lui ai écrites n'ont pas reçu de réponse. Pas la moindre réaction. S'il m'aimait, il devrait être tourmenté, impatient, comme je le suis. Or, après le frémissement de jalousie suscité par sa rencontre avec Roberto, il a repris l'attitude nonchalante qui m'exaspère.

– N'oublie pas que ton père arrive demain.

Rebecca fait bien de me le rappeler. La venue de Richard contrarie mes projets. Je voulais emmener Stephen aux Miougranes.

Avec mon père ici, c'est hors de question, et je sais que maman a voulu me mettre en garde à ce propos. Papa risque de considérer notre histoire d'amour avec moins d'indulgence qu'elle. À ses yeux, je suis encore une petite fille. SA petite fille. Cette préférence, qui me plaisait jusqu'à présent, m'éloignera fatalement de Stephen. Bien sûr, il ne s'agit que d'un week-end, mais ces deux jours vont me paraître interminables.

Tandis que Rebecca m'aide à épingler un dernier drap sur la corde tendue entre deux arbres, je demande :

– On pourra aller pique-niquer au phare ?

– Avec les risques d'incendie, n'y compte pas. Et puis, ton père et ton oncle voudront faire du bateau, tu t'en doutes.

C'est bien ce que je crains. À bord, on est les uns sur les autres, sans la moindre chance de s'isoler. Paul est tyrannique, et Richard s'est mis en tête de m'enseigner la voile. Il est fier de me voir surmonter ma peur de la haute mer, du moins faire semblant.

L'arrivée du docteur dissipe pendant quelques instants mes pensées moroses. Marine n'a rien de grave. Malgré les soins de maman, elle se sent très seule en l'absence de mon oncle. Elle a besoin de distraction et d'exercice. La venue de Paul tombe à pic.

Auriane et Marie-Charlotte sont à leur club ; Pauline est à la plage avec ses amies. Le jardin est désert. Pour tromper mon impatience, j'écris une lettre à Stephen. De temps en temps, je m'interromps pour guetter sa silhouette à la grille de l'entrée. Où sont-ils ? Il ne faut pas des heures pour ôter un pansement !

Fuyant la chaleur, je monte dans ma chambre et m'étends sur mon lit. Je m'assoupis. Les rires de Stephen et d'Audrey me réveillent vers midi.

– Déjà ? s'exclame Rebecca.

On voit bien qu'elle n'est pas à ma place ! Ils se sont absentés toute la matinée. Je fais la tête, mais ils ne remarquent rien. Stephen se met à danser. Un simple sparadrap protège sa blessure.

– Le docteur a dit qu'il cicatrisait rapidement, dit Audrey. La plaie est belle.

Je lui en veux de ces détails intimes, et de sa voix surexcitée. Elle est d'ordinaire si paisible !

– Dans deux jours, il pourra se baigner.

– Surtout, pas d'imprudence, et pas de surf ! intervient ma mère en menaçant Stephen du doigt.

– Le surf est recommandé.

Stephen et Audrey se regardent en riant. Qui a dit qu'on ne risquait pas de me voler le garçon que j'aime ? J'annonce d'une voix enrouée :

– Papa arrive demain.

– On est bonnes pour Porquerolles, plaisante Audrey.

Rebecca affiche un petit air mélancolique :

– Il repartira lundi.

Profitant de leur aparté, je prends la main de Stephen d'un geste possessif :

– Que dirais-tu d'une petite balade, histoire de vérifier si ton pied est OK ?

Le regard qu'il lance à ma sœur m'agace. Comme s'il avait besoin de sa permission !

– Moi, je vais aller me baigner, annonce Audrey.

– Ne vous éloignez pas : nous passerons à table dans une heure.

En disant cela, ma mère nous couve d'un regard où je décèle une tendresse complice. Une petite voix en moi exulte : « Je t'adore, Rebecca. » Stephen doit ressentir la même chose, car, à peine sorti du jardin, il murmure :

– Ta mère est merveilleuse.

– Et ce n'est rien, comparée à sa fille !

– Laquelle ?

Malgré son stoïcisme, il pousse un cri, parce

que je l'ai pincé au sang. Je déteste l'humour anglais.

– Je te préviens : tu dois choisir entre Audrey et moi.

Il bâille et s'étire avec indolence :

– C'est embêtant, les choix.

Il plaisante, et moi, je marche comme une idiote ! Le plus exaspérant, c'est que je n'arrive pas à lui en vouloir plus de cinq minutes, mon record. J'admire ses hanches minces sous le jean moulant, ses épaules larges, sa poitrine bien dessinée. Les filles se retournent sur son passage, et il leur sourit. Quand il fait ça, j'ai envie de le planter là. Nous suivons les rues étroites qui épousent la ligne capricieuse de la côte. Certaines finissent en impasse sur les rochers. On aperçoit la mer à travers les pins parasols, les mimosas et les lauriers-tins. Il n'y a pas un souffle de vent, ni une ride sur l'eau. L'air est si lourd qu'il écrase la terre.

Nous nous asseyons sur un banc, face à la mer. L'endroit est étrangement désert. J'appuie ma tête au creux de l'épaule de Stephen. Depuis toujours, je rêve de faire ça avec un garçon. J'ai vu des amoureux immobiles comme nous, pétrifiés de bonheur. Mon visage est enfoui dans ses boucles brunes. Je suis bien.

Je resterais ma vie entière comme ça… Mais il soulève mon menton d'une main impitoyable.

– Déjà ? Non, s'il te plaît.

Ses lèvres se posent sur les miennes, douces, très douces. Il murmure :

– Rebecca nous attend.

Ma voix dolente l'amuse.

– Paresseuse ! ajoute-t-il.

Il me tire par la main comme une enfant rétive :

– On va prendre Audrey au passage.

– Elle connaît le chemin !

Je n'ai pas pu retenir une pointe d'aigreur. Pourquoi est-il si pressé de retrouver ma sœur ? On dirait qu'il s'ennuie en ma compagnie ou qu'il craint d'être surpris en pleine étreinte. Nos baisers ont toujours quelque chose de furtif. Je rumine ma déception en traînant les pieds le long des ruelles.

Je décide de l'embrasser devant tout le monde quand nous serons à table. Une petite voix ricane : « Chiche, ma vieille ! » C'est vrai, je n'oserai pas.

Lorsque nous arrivons sur la plage, soudain Stephen n'est plus si pressé de regagner la maison. Il ôte son jean et ses sandales. Je lui montre son pansement :

– Tu ne vas pas te baigner ?

– Non, mais on crève de chaud.

– Rebecca nous attend, tu as oublié ?

Il n'entend pas ce que je lui dis, car il a repéré Audrey. Elle lisse ses cheveux mouillés et remonte son maillot une pièce, roulé sur ses hanches. Jolie sirène. En m'apercevant, elle m'adresse une grimace compatissante :

– Il ne t'a pas trop taquinée ?

Je dévisage Stephen en plissant les yeux :

– C'est supportable.

Audrey fait la moue :

– Tu as de la chance. Moi, il m'a dit que j'étais laide.

– Ce n'est pas vrai, proteste Stephen.

– Il prétend que je louche et que j'ai de la moustache !

En entendant ces remarques cyniques, je ne peux pas m'empêcher d'éclater de rire. Sur la lèvre d'Audrey, finement dessinée, un peu gonflée, il n'y a pas l'ombre d'un duvet. Quant à ses yeux, d'un bleu très pur, bien des garçons s'y sont noyés sans déceler le moindre défaut.

– Chez une fille, la moustache est signe de passion, explique Stephen avec sérieux. Et cette divergence de ton regard, loin de t'enlaidir, ajoute à ton charme.

– Divergence ! s'indigne ma sœur. Tu vas voir un peu !

Elle l'arrose, et je m'y mets aussi. Puis, rassemblant les affaires d'Audrey, nous abandonnons l'Anglais sur la plage et nous mettons à courir vers la maison.

– Qu'est-ce que vous avez fait de Stephen ? s'étonne Rebecca en nous voyant arriver, hors d'haleine.

– Nous n'avons pas besoin d'un estropié ! dit Audrey en se pâmant de rire.

Il arrive quelques minutes plus tard en traînant la patte.

– Tu souffres ? s'inquiète Rebecca.

– Ne fais pas attention à lui : il joue la comédie pour t'apitoyer, dit Audrey.

L'accusé s'affale dans une chaise longue :

– Madame Golding, vos filles sont *very ruthless*... très cruelles. De plus, je suis au regret de vous dire qu'elles ont de la moustache.

Lorsque nos huées s'apaisent, Rebecca prend un air d'institutrice revêche pour dire :

– J'ai l'impression que tu observes mes filles d'un peu trop près !

Chapitre 12

Pendant une semaine, au milieu de sept femmes, Stephen a mené à Antinéa une vie d'enfant gâté. La situation change avec l'arrivée de Richard et de Paul. J'ai entendu leur voiture vers une heure du matin. Au bout d'une longue journée de travail, ils ont fait la route d'une traite, et ce matin, levés avant tout le monde après quelques heures de sommeil, ils affichent une forme insolente. Autoritaires et brillants, ils s'emparent aussitôt du pouvoir.

Leur jeunesse est stupéfiante, bien que l'oncle Paul commence à prendre du ventre et à perdre ses cheveux. Mon père, qui pourtant passe sa vie en salle d'opération, est presque aussi bronzé que nous.

– Comment tu fais ?

– C'est le tennis.

– Cool, la vie de chirurgien !

Il me soulève sans effort et me secoue comme si j'avais cinq ans :

– Petite vipère, n'essaie pas d'imiter ta mère !

Rebecca lui tire la langue. Paul dévore son petit déjeuner debout.

– J'ai téléphoné à Garini, annonce-t-il, la bouche pleine. L'*Orion* est paré.

À peine arrivés, ils sont prêts à prendre la mer. Aspirées par leur tourbillon, Rebecca et Marine semblent revivre. Elles réunissent les vêtements, l'équipement et les provisions. Fourrant le tout dans les sacs de toile, ma mère supplie :

– Tu es sûr que tu ne peux pas rester une semaine ?

Richard répond de sa voix de grand patron :

– J'opère lundi.

– C'est toujours pareil !

Pour esquiver les reproches, Richard m'annonce :

– On emmène Roberto ?

– Roberto ? Où ça ?

– À Porquerolles.

Il va passer son week-end en mer, et moi, je fais partie du voyage. Qui se soucie de mon avis ?

– Roberto ? Pas question !

Surpris par ma mauvaise humeur, Richard questionne Rebecca :

– Aurais-je manqué un événement dramatique ?

Le ton est moqueur. Depuis des années, il est convenu que Roberto est amoureux de moi et que je le traite en esclave. Rien de sérieux, des histoires de gosse qui amusent mon père. Cette plaisanterie ne me fait pas rire. Elle me révolte même, d'autant plus que Richard, apercevant Audrey et Stephen à l'écart des autres, fait remarquer :

– Là, par contre, les choses semblent aller pour le mieux !

Il imagine Dieu sait quoi, un flirt qui n'existe pas, et il est content de voir sa fille aînée s'intéresser au jeune Anglais. Comme pour lui donner raison, les deux autres parlent à voix basse. Audrey se met à rire, une main devant la bouche. Elle replace une boucle blonde derrière son oreille. Ses gestes sont gracieux, et sa beauté me fait mal. Je suis jalouse. Affreusement jalouse.

Sensible à mon chagrin, Rebecca bouscule Audrey :

– Va vite te préparer !

– Je n'ai pas envie de vous accompagner, dit Audrey d'une voix douce.

– Mais si, insiste ma mère. Le temps est magnifique.

– Laisse-la, intervient Richard. Tu sais bien qu'elle est fâchée avec la mer.

Il a décidé une fois pour toutes que j'aimais naviguer, et pas Audrey, alors que c'est exactement le contraire. C'est le genre de fausses certitudes que je reproche à mon père. Il est tellement absorbé par son travail qu'il ne prend pas le temps de nous connaître.

Il ajoute avec un clin d'œil complice :

– Elle a d'autres découvertes à faire.

– Tu ne vas pas rester toute seule ? demande Rebecca.

– Je peux rester aussi, suggère alors Stephen. Avec mon pied blessé, je ne serai pas bon à grand-chose.

J'ai l'impression affreuse que l'attitude d'Audrey et de Stephen est préméditée, un prétexte pour être ensemble, tous les deux, pendant deux jours entiers.

– Pas d'estropié à bord ! tonne Richard, comme s'il voulait encourager l'aventure.

Mais Rebecca ne s'avoue pas vaincue.

– Il faut absolument que tu visites Porquerolles, décrète-t-elle. Le nord de l'île est envahi par les touristes, tandis que le sud est encore en partie sauvage. C'est fascinant, tu verras. À bord, tu n'es pas forcé de participer à la manœuvre. Il y a assez de gros bras pour ça. Voilà un ciré. C'est celui de Richard. Il est peut-être un peu usé, mais il tient encore. De toute manière, je doute qu'on en ait besoin.

– Doucement, avec mon ciré ! grogne Richard. Lui et moi, on a franchi le cap Horn !

– Le cap Horn, dans tes rêves ! pouffe Rebecca.

Richard l'attrape vigoureusement par la taille :

– Dis donc, toi ! J'ai l'impression que tu te dévergondes vachement en mon absence !

On dirait qu'ils ont seize ans, surtout elle, qui a conservé une silhouette de jeune fille. J'adore quand ils sont comme ça. Tout en restant dans les bras de Richard, elle garde l'œil sur nous. En forçant Stephen à nous accompagner, a-t-elle voulu me protéger, ou empêcher Audrey de rester seule à la maison avec un garçon ? Quelle importance ? Après tout, il n'y a que le résultat qui compte. Je ne quitte pas celui que j'aime. Audrey ne semble pas déçue. Stephen, en revanche, a l'air contrarié. C'est tout juste s'il me répond quand je l'interroge.

Du côté des cousines, Marie-Charlotte reste à terre, elle aussi. Elle tiendra compagnie à Audrey. Difficile d'imaginer deux filles aussi différentes : l'une hérissée d'épines, l'autre aussi douce qu'une fleur.

Nous nous retrouvons à huit sur l'*Orion* : quatre adultes et quatre ados. Paul donne les ordres : préparer les gaffes, larguer les amarres, hisser le foc. Richard et Rebecca sont à la manœuvre. On découvre avec plaisir que Stephen est une bonne recrue. La blessure du jeune Anglais n'est plus qu'un mauvais souvenir. Il fonce de bâbord à tribord avec l'équilibre et l'adresse d'un vrai marin. La mer est calme. Une légère brise d'ouest porte le bateau. Marine, allongée sur le pont, prend le soleil. À l'arrière, Pauline lance des lignes et emmêle ses hameçons.

– À cette vitesse, tu ne risques pas de pêcher grand-chose, fait remarquer Paul… sauf un dauphin.

Pauline retire aussitôt ses lignes avec horreur. Et, comme tout le monde éclate de rire, elle devient rouge de fureur :

– C'est malin !

Stephen est maintenant assis à l'avant, le regard perdu sur l'horizon. Il pense à Audrey, peut-être. Impossible de rester avec cette petite brûlure au cœur. Je m'approche en silence et m'appuie sur son dos, les bras noués autour de son cou.

– À quoi tu penses ?

– Aux milliers de bateaux qui ont sillonné cette mer : les grecs, les phéniciens, les romains, les galères de Venise, les navires de pirates barbaresques…

Je ris tout bas :

– Il y en a, dans cette tête ! Moi, je pense à toi, c'est tout. Tu n'as pas envie de m'embrasser, des fois ?

Je suis sûre qu'il va refuser, parce que les autres peuvent nous voir, surtout mon père. Mais Stephen tourne la tête, saisit mon visage ; nos lèvres s'unissent. Drôle de garçon, étrange, imprévisible. Il a tout du héros romantique, sauf la passion. Plutôt mourir que de manifester ses émotions ! L'idée exaspérante m'effleure qu'il pourrait embrasser avec la même douceur troublante toutes les filles du monde.

– Je t'aime tant.

Il me caresse les cheveux comme si nous étions seuls à bord. Je suis folle de joie : papa va comprendre que Stephen est à moi, à moi seule.

Nous restons joue contre joue. Il me désigne les bateaux que nous dépassons. Le voilier de Paul est un deux-mâts, rapide, effilé comme une lame, et nous avons mis un maximum de toile. J'aime le sifflement du vent, la sensation d'être sur un gigantesque animal jouant avec les vagues. Stephen ressent la même griserie. Sa voix s'anime. Il me raconte sa traversée de la mer d'Irlande, en pleine tempête, avec ses parents et son frère. Soudain, il m'étreint et m'embrasse avec emportement.

La mer lui réussit très bien.

Assise sur un banc d'acajou, Pauline peste contre son harnais :

– Pourquoi je suis la seule à être attachée ?

– Tu te penches trop, tu risques de basculer par-dessus bord.

– Si c'est une question de sécurité, râle la petite, je vous conseille de mettre une muselière à Stephen et Maria.

Surpris en plein baiser, nous pouffons, et les autres se mettent à rire. Seul le sourire de mon père est un peu crispé.

Chapitre 13

L'*Orion* est ancré dans une petite crique, à l'abri des vents. L'endroit est désert. La plage de galets et la falaise qui la surplombe nous appartiennent. La mer est lisse et tiède. Rebecca nage en compagnie de Marine autour du voilier. Auriane pousse le canot pneumatique de Pauline. Richard et Paul font de la plongée. J'en profite pour m'éclipser en compagnie de Stephen. Nous escaladons le flanc de la falaise, rongé jusqu'à l'os par la mer. Durant la montée, le vent du large nous apporte un peu de fraîcheur, mais, une fois la crête franchie, la température devient torride. L'air sent la résine et le romarin. Le chant des cigales est assourdissant. Au loin, la mer est recouverte d'une brume de chaleur.

– Magnifique, murmure Stephen.

– C'est de moi que tu parles ?

Je me blottis contre lui. Il referme les bras sur moi. Ce ne sont que des gestes. J'aimerais qu'ils s'accompagnent de quelques mots, pas beaucoup, trois seulement : « Je t'aime », par exemple… Il reste muet.

– Tu la trouves belle, Audrey ?

– Oui.

– Plus belle que moi ?

– Vous êtes très différentes.

– Ça, je sais, mais laquelle de nous deux tu préfères ?

Je lève vers lui un visage implorant, et comme toujours j'ai droit à son sourire ironique.

– De quoi as-tu peur ?

– De tout, parce que je t'aime. Pas toi ?

Son ironie disparaît, c'est déjà ça.

– Peur, non. Tu sais, on a beau être aussi passionnés l'un que l'autre, on ne réagit pas forcément de la même manière.

– Passionné, toi ? On ne dirait pas !

Ma remarque le blesse. Ses bras se dénouent, ses yeux se perdent vers le large. Ses pensées sont aussi brumeuses que la mer, là-bas. Je me suspends à son cou :

– Tu es fâché ?

– Pourquoi ?

– À cause de ce que j'ai dit : ta froideur.

– Je ne suis pas froid.

– Évidemment, avec cette canicule !

Je regrette aussitôt ma plaisanterie stupide. Après tout, je me fais peut-être des idées. Son amour est sincère, profond, ardent, et le mien finit par sembler superficiel à force d'imaginer des romans. J'ai rêvé d'une folle passion sur cette île merveilleuse. Je me suis laissé emporter. Parfois, j'ai l'impression d'être sur un voilier au cœur d'une tempête, tandis qu'il m'attend, sagement amarré au port.

– Viens.

Nous suivons le sommet de la falaise. Je connais la côte par cœur pour l'avoir explorée bien des fois. Un peu plus loin, les rochers forment un cercle, à la manière d'un monument celtique. Je montre à Stephen une vieille croix enfouie sous les buissons.

– Ici repose une princesse, morte après

avoir été abandonnée par l'homme qu'elle aimait.

– Ou un marin noyé au cours d'un naufrage.

– Pourquoi tu ne veux pas de ma princesse ?

D'une main nonchalante, il repousse ses boucles noires :

– Elle est trop rouillée.

– La princesse ?

– La croix.

– Tu ne regrettes pas d'être venu, de ne pas être resté là-bas avec Audrey ?

Il met un certain temps pour répondre, et, lorsqu'il se décide, c'est avec une colère contenue :

– Arrête avec ta sœur !

J'ai enfin réussi à le mettre hors de lui. Son flegme n'est donc pas à toute épreuve. « J'en suis ravie, monsieur Woodward, car j'ai besoin d'un garçon sensible, vulnérable parfois, comme vous l'êtes en ce moment, assis sur votre rocher blanc, blessé par mes paroles injustes. »

– Je ne le ferai plus.

Je murmure ça d'une voix d'enfant en m'installant à ses pieds, la tête appuyée contre ses genoux. Au bout de quelques minutes, sa main vient caresser mes cheveux pour me dire qu'il m'a pardonnée. Mon bonheur est si violent qu'il est proche de la douleur. C'est vrai que j'ai peur. Peur de le perdre un jour, de ne pas savoir le comprendre ni le rendre heureux. J'ignore presque tout de lui, hormis qu'il m'aime. Peut-être.

Je crois qu'il va se réfugier dans un de ses silences agaçants, mais il se confie soudain, sans prévenir, d'une voix sourde :

– Écoute, j'ai connu une fille, Nancy... Elle te ressemblait un peu. Elle était douce et intelligente, et je croyais qu'elle m'aimait. En tout cas, moi, j'étais amoureux d'elle. Elle m'écrivait des lettres d'amour, comme toi. Elle tenait un journal intime, comme toi. Un jour, ce journal, elle l'a laissé ouvert sur son bureau. Je me suis toujours demandé si elle ne l'avait pas fait exprès, pour que je sache ce qu'elle pensait réellement de moi. Elle se moquait de mes manières, ma prétention, la façon puérile et ridicule dont j'exprimais ma passion pour elle. Elle s'amusait, écrivait-elle, à me dresser comme un petit chien. Et c'est vrai que je faisais tout ce qu'elle voulait. J'étais fou amoureux d'elle, j'étais idiot. Ces pages étaient affreuses, humiliantes. Je l'ai haïe. Je la déteste encore...

Il se tait. Je me tourne vers lui, bouleversée :

– J'espère que tu ne me confonds pas avec cette vipère ?

Il se penche et m'embrasse le front :

– Bien sûr que non !

C'est donc ça, son fameux secret, la cause de sa méfiance, cette façon de se livrer, puis de rester à distance, comme s'il s'était imprudemment exposé ? Je pourrais le rassurer tout à fait en lui faisant lire mon journal. Mais ça, pas question. Il doit me faire confiance. Il est assez grand pour voir la différence entre un amour véritable et une comédie amoureuse.

Pour détourner la conversation, je demande :

– Qu'est-ce que tu feras plus tard ?

– Je voyagerai dans le monde entier.

– Je veux dire : ton métier.

– Pilote de ligne. Et toi ?

– Romancière.

– Tu l'es déjà.

Je tourne vivement la tête, croyant qu'il se moque de moi. Ce n'est pas le cas.

– Tes lettres sont formidables, et *La fille du vent* aussi. J'ai beaucoup aimé.

– Comment tu l'as eu ?

– Rebecca me l'a donné.

– Raturé ? Taché ? Illisible ?

– Passionnant.

Je me mets à rire, comme si je refusais de prendre ses compliments au sérieux. En réalité, je suis flattée et ravie. Mais j'en viens à me demander s'il n'a pas inventé l'histoire de Nancy pour que je lui permette de lire les passages de mon journal qui le concernent.

– Il faut vraiment que tu m'aimes !

– C'est ton bouquin que j'aime, pas toi !

Pour démentir ses paroles, il prend tendrement mon visage entre ses mains et se penche pour m'embrasser de nouveau. C'est le moment que choisit mon père pour faire irruption dans le cercle de roches, l'air sombre et les mâchoires serrées. Sentant venir l'orage, je me lève en vitesse.

– Ta mère te cherche partout.

– On se baladait.

– J'ai vu. Tu pourrais faire un petit effort pour rester avec les autres, ou au moins prévenir quand tu t'en vas.

J'ai envie de répliquer qu'on m'a toujours laissée libre sur l'île. Mais avec Richard mieux vaut ne pas trop insister. Ce qu'il ne supporte pas, c'est de me savoir seule avec Stephen. Désolée : il devra s'habituer.

– Bon, venez manger.

Il commence à descendre vers le rivage, et nous le suivons docilement. Stephen, pas du tout intimidé par l'humeur massacrante de mon père, demande :

– Vous avez fait bonne pêche ?

– Il n'y a plus de poisson.

– Il faudra venir en Irlande.

Au début, Richard répond du bout des lèvres, puis il se laisse séduire par le jeune Anglais, et ils partent tous les deux dans une discussion animée sur les mérites comparés des différents sites de pêche. De là, ils en viennent aux voyages, aux terres lointaines, à l'aviation. La conversation s'éternise, malgré mes efforts pour attirer l'attention de Stephen. Dans sa volonté naïve de plaire à Richard, il ne réalise pas que mon père l'accapare pour l'éloigner de moi. Je les soupçonne peut-être à tort, mais le résultat est là. Stephen m'ignore, et Richard a retrouvé le sourire.

Je déteste les hommes.

L'après-midi, Paul et Richard emmènent Stephen à la pêche. Puis ils l'embauchent pour régler le moteur diesel. Son rôle consiste à passer les outils à mon père en fonction des besoins. Il me fait penser à un assistant en salle d'opération : « Pince ! Scalpel ! »

Je me baigne, solitaire, avec l'espoir de retrouver Stephen à la tombée du jour. Mais, après le dîner, Richard continue à bavarder avec lui en anglais. Il parle bien, n'en déplaise à Auriane, qui ricane tout bas : « C'est bien la peine de s'appeler Golding ! »

Nous passons la nuit à bord, les hommes sur le pont et les filles dans la cabine. Stephen se contente de m'embrasser sur le front en chuchotant :

– À demain.

Je m'endors en me jurant de l'ignorer à mon tour. Seulement, à mon réveil, ma première pensée est pour lui… Durant la nuit, le vent a tourné et la mer a forci, au point que Paul et Richard décident de lever l'ancre plus tôt que prévu. Notre traversée est beaucoup plus sportive qu'à l'aller. Le vent et la pluie se déchaînent. En progressant vers l'ouest, la mer se creuse. Le passage du cap Sicié est effrayant. Il a fallu réduire la voilure. Le bateau, couché sur le flanc, donne l'impression qu'il ne pourra jamais se redresser. Dans cette situation, je me réfugie toujours au fond de la cabine. Là, devant mon regard affolé, Stephen me serre dans ses bras et, tout à coup, ma peur disparaît. Peu m'importe de mourir noyée si c'est avec lui. À la barre, Paul jubile, et Richard est à son affaire au milieu des éléments déchaînés. Ils jouent l'un et l'autre aux grands navigateurs. Moi, je joue les amoureuses, un rôle presque aussi périlleux.

L'orage ne fait que passer. Au large de Sanary, déjà, la mer s'apaise, et, à notre arrivée à La Ciotat, le ciel a repris ses couleurs d'été. Je regrette la tempête, car Stephen m'a abandonnée pour participer à la manœuvre.

Au retour, nous trouvons Audrey sagement couchée sur une chaise longue, à l'abri du marronnier.

– Belle balade ? demande-t-elle.

– Magnifique.

Les autres croient que je plaisante, mais ce n'est pas le cas. Malgré ma frousse légendaire, je suis prête à retourner en pleine tourmente pour donner l'occasion à Stephen de me protéger. Du coup, l'oncle Paul est déçu : son ouragan n'est plus qu'un orage, tout juste bon à amuser une gamine dans mon genre, et son récit a perdu tout son sel, si je puis dire.

Audrey se lève pour courir au-devant de Stephen.

– Ton frère a téléphoné, annonce-t-elle.

– William ?

– Il demande que tu le rappelles d'urgence. J'ai noté son numéro, à Cassis.

En voyant l'air soucieux de Stephen, Rebecca s'enquiert :

– Un problème ?

– J'espère que non, dit Stephen. Cela dit, avec Will il faut s'attendre à tout !

Chapitre 14

– Pourquoi je ne peux pas vous accompagner ? Je…

– N'insiste pas, me coupe Richard. Le frère de Stephen a de sérieux problèmes avec sa famille d'accueil. Je ne vais pas débarquer avec toute ma tribu chez ces gens ! J'aurais l'air de quoi ?

– Je pourrais vous attendre dans la voiture.

– Je t'ai dit non !

Il y a très longtemps qu'il ne m'a pas parlé

sur ce ton. On croirait qu'il s'adresse à une enfant capricieuse, ou qu'il cherche à m'humilier devant Stephen. Je le déteste ! Stephen assiste à la scène sans dire un mot. Apparemment, il n'a pas envie que je vienne avec lui. D'après ce qu'il m'a raconté, Will a découché plusieurs nuits de suite. On ignore où il est allé et ce qu'il a fait, mais la famille française qui l'héberge a prévenu la police et le directeur du programme d'échange. Quand j'ai demandé pourquoi ces gens avaient appelé la police, Stephen a répondu qu'ils étaient responsables de Will, comme mes parents l'étaient de lui. Et il a ajouté :

– Il faut que je le récupère et que je le raisonne. Mes parents sont très inquiets. Je vais sans doute devoir le ramener en Angleterre.

Richard sacrifie son dernier après-midi de week-end pour le conduire à Cassis. Et moi, j'ai peur que Stephen parte et ne revienne jamais. Mon père ne serait peut-être pas mécontent de le voir disparaître. Devant ma détresse, Stephen oublie ses préoccupations pour me rassurer :

– Je vais revenir, Maria.

– Tu le jures ?

– Oui.

Avec sa chemise bleu ciel et son pantalon bleu marine, on dirait un pilote. Il n'a jamais été aussi beau.

L'auto partie, je reste seule, l'esprit vide et le cœur meurtri. Audrey s'approche et me prend par la main :

– Allez, viens te baigner !

Je voudrais refuser, mais sa gentillesse me désarme :

– On ne reviendra pas trop tard ?

– Quand tu voudras. Tu sais, ils en ont pour toute la journée.

Je soupire tristement :

– Oui, c'est vrai…

Dans la traverse, Pauline nous rejoint avec son canot pneumatique et un sac, d'où émergent ses palmes.

– Vous auriez pu m'attendre !

– Tu as besoin de tout cet attirail ?

– Je vais pêcher des éponges.

Comme nous rions, elle se vexe :

– Des éponges, parfaitement ! Vous ne savez même pas ce que c'est. Et puis, vous ne seriez pas capables de tenir aussi longtemps que moi sous l'eau.

– Dommage que tu n'y ailles pas plus souvent !

Elle me regarde avec méfiance :

– Pourquoi ?

– C'est le seul endroit où on ne t'entend pas !

– Méchante !

Elle a lâché son matériel et tremble de colère. Je lui tends la main :

– Allez, je te taquine !

– Je comprends pourquoi Stephen ne t'aime pas ! lance-t-elle.

Je hausse les épaules avec indifférence, mais les mots me blessent. La petite peste sait trouver ceux qui font mal.

– Tais-toi, Pauline, ordonne Audrey.

– Et pourquoi il préfère Audrey, ajoute la petite, perfide.

Audrey rougit :

– Tu dis n'importe quoi !

– Je vous ai entendus, avant-hier.

– Arrête maintenant, tu entends ? Sinon...

J'ai rarement vu Audrey aussi véhémente. Du coup, j'ai envie d'entendre la suite. Pauline ne se fait pas prier.

– Stephen a dit à Audrey...

Comme Audrey se précipite sur elle, la petite abandonne son matériel et court chercher refuge dans la maison. Arrivée au portail, elle se retourne et crie :

– Je n'aime que toi, c'est ce qu'il a dit !

– Ne l'écoute pas, elle ment ! supplie Audrey. Stephen est amoureux de toi.

Je me mets à pleurer malgré moi. J'ai beau savoir qu'Audrey est incapable de me trahir, les confidences de Pauline me désespèrent. Je m'appuie contre le mur pour cacher mes larmes aux passants qui me dévisagent avec curiosité ; mais impossible de dissimuler mon corps secoué de sanglots.

– Calme-toi, murmure Audrey.

Je fais un effort pour sourire à travers mes larmes et elle dit :

– Attends-moi.

Raflant les affaires de Pauline, elle les rapporte dans le jardin, puis revient en vitesse.

– Ça va ?

– Ça irait mieux si tu m'expliquais ce qu'il t'a dit.

Elle balbutie :

– Mais rien, je t'assure… Ce que les garçons disent à toutes les filles…

– Quoi ?

Comme j'ai hurlé, elle me fait signe de parler plus bas, ce qui a pour résultat de redoubler ma colère.

– Qu'est-ce qu'il t'a dit ?

Elle chuchote :
– Que j'étais belle, c'est tout !
– À part ça, il ne te drague pas !
L'amertume fait trembler ma voix.
– Il l'a dit pour être gentil, pour me rassurer, parce que je ne me plais pas. J'ai des complexes, tu le sais bien.
Des complexes ? Première nouvelle ! Si je ne connaissais pas Audrey, je croirais qu'elle se paie ma tête. Mais je sais qu'elle ignore à quel point elle est jolie. Des filles aussi naïves et modestes, ça ne court pas les rues.
– Tu me pardonnes ?
Pardonner quoi ? D'être belle ? Je souris à travers mes larmes. Dire que c'est elle l'aînée !
– Si j'étais aussi jolie que toi, je ne serais pas jalouse, espèce d'idiote !
Je l'entraîne. Direction la plage. Je fais celle qui n'y pense plus, tandis qu'elle me jette des regards soucieux. Elle a raison d'être inquiète : nos plongeons au milieu des vagues n'arrivent pas à me faire oublier que le garçon que je veux pour moi seule est sensible à la beauté des autres. Il me suffit de regarder Audrey sortir de l'eau, les cheveux collés au visage, son maillot détendu. Rien ne peut l'enlaidir.

Des complexes, tu parles !

Comme nous nous étendons sur le sable, je demande :

– C'est quoi, ces fameux complexes ?

Elle prend une grande inspiration :

– Je ne suis pas intelligente.

– Tu plaisantes ?

– Non, c'est vrai. Les garçons s'arrêtent à mon physique. Ils ne se préoccupent jamais de savoir qui je suis en réalité, ce que je pense. Il vaut peut-être mieux, d'ailleurs.

– C'est stupide !

– Je ne te le fais pas dire.

Nous rions, et cet accès de gaieté nous fait du bien à l'une et à l'autre.

– Tu comprends, si Stephen m'avait parlé de mes rêves, de mes lectures, de ma conception de la vie… Mais il m'a juste dit que j'étais belle.

Je grommelle :

– J'en connais qui s'en contenteraient !

Audrey secoue tristement ses boucles mouillées :

– Il m'a demandé ce que je voulais faire plus tard. J'ai répondu que je l'ignorais. Alors, tu sais ce qu'il m'a dit ?… « Pourquoi pas mannequin ? »

– Eh bien ? C'est chouette ! Toutes les filles veulent être mannequin.

– Sauf moi.

Deux pieds chaussés de bottes s'incrustent soudain entre nos deux serviettes :

– Ave, Maria.

Je reconnais la voix de Roberto. Il devine tout de suite qu'il n'est pas le bienvenu.

– L'Angliche n'est pas avec toi ?

– Comme tu vois.

– Il est reparti ?

– Pas encore.

– Alors, pour le bateau, c'est bon.

– Pas aujourd'hui, non.

Il m'observe avec un drôle d'air, puis il lâche tout à coup :

– Tu es de plus en plus belle, tu sais, Maria.

Qu'est-ce qui lui prend de sortir ça en public, après des années de contemplation silencieuse ? Il a bu, ou quoi ? Je suis d'autant plus gênée que mes voisins me regardent comme pour vérifier si l'admiration de Roberto est justifiée. Audrey, le nez dans sa serviette, étouffe un fou rire. Devant ma mine mécontente, Roberto croit bon d'ajouter :

– Ben quoi, tu veux être mannequin !

– Pas moi, idiot.

– Ni moi, ajoute Audrey en riant de plus belle.
– Dommage, grogne Roberto.
Audrey fait mine de se lever.
– Bon, eh bien, je vais vous laisser…
Je force la traîtresse à se rasseoir :
– Reste ici.
– Tu m'as bien dit que c'était un temps à faire du bateau, non ?
Le visage de Roberto s'illumine :
– Alors, tu te décides ?
– Je t'ai dit : pas aujourd'hui !
J'ai pris pour lui ma voix la plus douce, et je chuchote à Audrey :
– Toi, tu me le paieras !
– Moi ?
En plus, elle fait l'innocente.
Je lui suggère d'emmener Audrey. L'idée n'a pas l'air d'emballer Roberto. Il fourrage nerveusement dans ses cheveux, racle ses bottes et recouvre nos serviettes de sable, avant d'avouer :
– J'avais quelque chose à te dire.
– À moi ? demande Audrey, malicieuse.
– À Maria. Mais ce n'est pas grave.
Soudain, il est pressé de nous quitter. Sa dose de courage est épuisée. Nous restons seules. Audrey fait la moue :

– Je crois que tu as manqué une brûlante déclaration d'amour.

Je balaie cette pensée avec agacement :

– Ce n'est pas le genre.

– On parie ?

– Pitié !

Audrey m'adresse une grimace comique :

– Toi qui te plaignais de ne pas être aimée !

Elle a gagné : je suis prise de fou rire. Cette matinée passée avec elle était très agréable. Mais, lorsque nous rentrons, il n'est même pas midi. Combien d'heures encore à attendre ?

Pauline me guette. En mon absence, elle a passé ses nerfs sur sa chambre. Le désordre est indescriptible ; cependant je n'ai pas le cœur à la gronder. Je range en silence. Puis, après avoir pris une douche, j'emporte mon journal et grimpe sur mon chêne. J'ai besoin de parler d'Audrey. J'ignorais que je l'aimais autant.

Chapitre 15

Le crissement des pneus sur les graviers de l'allée me prévient qu'ils sont rentrés. Je saute de mon arbre, traverse en courant le jardin rougi par le soleil couchant. L'auto est là. Richard, Paul, Rebecca et Marine discutent avec animation. Stephen se tient à l'écart et me regarde en silence. Il y a du bonheur dans ses yeux. Je freine ma course et appuie mon visage sur sa poitrine. J'entends battre son cœur. J'ai préparé mille choses à lui dire, mais je me contente de lui demander :

– Ça s'est bien passé ?

– Je crois.

Du menton, il m'indique la voiture, depuis laquelle son frère nous observe comme un chat en territoire inconnu. J'ai toujours eu un faible pour les animaux sauvages. Je me détache de Stephen et m'avance à la rencontre de William. Les parents ont disparu dans la maison. Will m'attend, assis sur le siège arrière. Je penche la tête vers la portière ouverte, avec gentillesse, et surtout avec curiosité :

– Salut !

Le garçon, qui consent à descendre du véhicule, n'a rien du hooligan que j'avais imaginé. Il a une peau blanche, des traits fins, des cheveux blonds ; une vague ressemblance avec son frère, pourtant.

– Bonjour, mademoiselle.

– Maria.

– C'est une joli nom, qui va très bien avec vous.

Il parle lentement, en choisissant ses mots. Sa politesse exagérée m'agace un peu :

– Tu peux me tutoyer.

Il opine en silence et salue avec la même préciosité Audrey, Pauline et Auriane, qui viennent d'arriver.

– C’est toi qui étais en cavale? demande Pauline, soupçonneuse.

– Pauline!

Audrey la réprimande sans pouvoir s’empêcher de pouffer. Will nous regarde en cherchant à comprendre ce qui nous amuse.

– *Ran away*, traduit Stephen.

Will approuve avec vigueur:

– J’ai dormi sur le plage. Le maison sentait pas bon.

– Will est très sensible aux odeurs, confirme Stephen avec ironie. L’ennui, c’est qu’il n’a pas demandé l’autorisation de découcher et qu’il n’est pas rentré le lendemain.

– J’oublie!

Il a un joli rire, des dents très blanches, une expression désarmante. Stephen lui lance quelques mots en anglais. Ils s’éloignent vers la maison. J’ai compris qu’ils allaient téléphoner à leurs parents, ce qui signifie que tout n’est pas réglé. S’ils repartent ensemble, je perdrai Stephen.

Quand ils ont disparu, Pauline soupire:

– Très mignon, et marrant.

– C’est vrai qu’il est beau, dit Auriane.

Audrey fait la moue:

– Profitez-en, car, à mon avis, il ne restera pas très longtemps.

Marie-Charlotte prend un air dédaigneux qui l'enlaidit :

– Je le trouve sournois !

– Moi, des sournois comme lui, ça ne me fait pas peur, réplique Pauline.

Je lui plante un baiser sur la joue, qu'elle essuie d'un revers de main :

– Va plutôt embrasser ton Stephen !

Et comment !

Je gagne la maison pour aller aux nouvelles lorsqu'ils sortent tous : les parents, Will et Stephen. Déjà ? J'observe leurs visages afin de savoir si je dois me réjouir ou bien pleurer. Mon cœur se serre : ils semblent satisfaits, sauf Stephen, qui arbore une mine sombre. Mon père se frotte les mains, comme s'il avait conclu une bonne affaire :

– William va rester ici. Ainsi, Stephen pourra veiller sur lui.

J'ai soudain envie de rire et de chanter. Le garçon que j'aime ne me quitte pas. C'est tout ce que je vois. Will me sourit en retour. Il paraît heureux, lui aussi. Seul Stephen fait la tête. Je lui prends la main pour l'emmener à l'écart. Il résiste.

– Will dormira dans la maison rose, annonce Rebecca.

La maison rose est celle des cousins. Auriane nous lance un regard victorieux, comme si elle venait de conquérir le joli garçon. Celui-ci nous dévisage tranquillement l'une après l'autre, puis il s'approche de moi :

– Stephen dit tu écris.

Je lance un regard intrigué à Stephen. Bizarre qu'il se soit confié à son frère, car le moins qu'on puisse dire est qu'ils n'ont pas l'air de s'entendre.

– Un peu.

– Il dit beaucoup. Moi aussi, j'écris... en anglais, bien sûr.

De la poche arrière de son pantalon flottant il tire un rouleau de papier cassé et corné :

– C'est une histoire courte. Je peux le lire à toi ?

Tout ce que je veux, c'est m'éclipser avec Stephen. Mais celui-ci lâche ma main et s'écarte, comme s'il tenait à ce que j'écoute son frère. Devant mon expression résignée, Will propose :

– Demain, si tu aimes.

Ses yeux sont d'un bleu gris très clair, pur et candide. Je soupire :

– Non, viens.

Assise sur la terrasse, je feins d'écouter sa traduction maladroite, tout en surveillant

Stephen. Je me demande si l'attention que me prête Will ne l'agace pas. Un brin de jalousie de sa part ne serait pas pour me déplaire. Mais, comme toujours, il est difficile de savoir ce qu'il ressent. Il bavarde gentiment avec Audrey, qui lui sourit. Le comble : du coup, c'est moi qui suis jalouse !

– C'est quoi, le français pour *to gush* ?

C'est Will qui demande ça. Distraite, je n'ai pas écouté un traître mot de son récit.

– Interroge Auriane.

– Jaillir, dit aussitôt ma cousine, impatiente de s'immiscer dans notre tête-à-tête.

Avec un vague *thanks*, Will lui tourne le dos et baisse le ton pour continuer sa lecture. Le dépit d'Auriane, mise à l'écart, est si réjouissant que je consens à faire un effort d'attention. Malgré les hésitations et les maladresses du traducteur, je saisis sans peine l'humour de l'histoire.

Celle-ci se déroule sur une plage française. Arkonono, un professeur de sciences tyrannique et prétentieux, explique à ses élèves les lois d'équilibre du milieu marin et le système des marées. Les enfants n'ont qu'une envie : aller se baigner. Or, chaque fois qu'ils font mine de courir vers les vagues, Arkonono les retient et poursuit son cours fastidieux. Enfin, la leçon s'achève. Les enfants se précipitent dans la mer en criant. Arkonono les suit. Une vague l'emporte. Ses élèves le repêchent et le ramènent sur le sable. Quand il reprend ses esprits, ils lui expliquent comment se comporter en milieu marin pour éviter d'être victime de la marée.

En me voyant rire de bon cœur, Will me demande si j'ai aimé son récit.

– C'est amusant.

Je me lève pour rejoindre Stephen. Will pointe son rouleau de feuilles sur moi :

– Toi et moi peut écrire ensemble.

Il plaisante ? Mais non, il est sérieux.

– En anglais ou en français ?

– Les deux, pourquoi pas ?

– Je n'écris pas aussi bien que toi, et mes histoires sont très différentes : tristes à mourir !

– Tu es malheureuse ?

– Pas toujours. Toi, oui ?

Il se contente de demander :

– À cause de Stephen ?

– Ça ne te regarde pas !

– Tu es en colère ?

Un peu, oui ! Il m'exaspère, à la fin, avec sa manière de s'insinuer dans la vie des autres.

En plus, il joue les naïfs!

– Je t'aime beaucoup, tu sais.

Beaucoup! Décidément! Avec ça, il voudrait que je le prenne au sérieux. Je lis dans son jeu: si je n'étais pas amoureuse de son frère, il n'aurait même pas remarqué ma présence. Il ne cherche qu'à provoquer Stephen. Je lui ris au nez:

– Il y a un quart d'heure, tu ne me connaissais même pas!

– C'est assez pour aimer.

– Parce qu'il s'agit d'un grand amour?

Ignorant mon persiflage, il reprend avec une gravité mal assortie à ses yeux rieurs:

– L'amour, c'est comme l'électricité entre la ciel et le terre, une fille et une garçon…

Je le coupe au milieu de son exposé:

– Merci de la leçon, professeur Arkonono.

Chapitre 16

– Qu'est-ce que tu penses de Will ?

Je plonge dans les yeux de Stephen, assombris par l'inquiétude amoureuse. Cette question, je la lui ai posée il y a quelques jours à propos d'Audrey. C'est de la jalousie, ou je ne m'y connais pas.

– Il est gentil.

– Il ne t'ennuie pas trop ?

– Pas du tout, au contraire.

Sa brusque raideur m'informe que ce « au contraire » lui déplaît, et j'en éprouve une satisfaction secrète.

– La traduction laisse à désirer, mais on sent qu'il a du talent.

– Will ? Tu trouves ?

Le ton est dédaigneux, faussement désinvolte. Mon bel indifférent révèle sa vraie nature, sensible, tourmentée. Sa main caresse mes cheveux, puis elle se crispe sur mon épaule. Instinct de propriétaire. Depuis la terrasse, Auriane nous observe d'un air critique.

« Je connais tes pensées, ma cousine chérie. Il te les faut tous ! C'est bien ce que tu as en tête ? Eh bien, tu te goures. Je te laisse William de bon cœur, s'il veut de toi. Cela dit, j'en doute, car c'est à moi qu'il destine sa comédie du grand amour. Il m'écrit chaque nuit. De jolies lettres, en dépit de mille fautes d'orthographe. Ces lettres malhabiles, comme j'aimerais qu'elles viennent de Stephen ! Mais l'orgueilleux ne veut pas écrire. Il a peur d'être jugé. Il s'observe sans répit, dissimule ses sentiments, muselle ses réactions, au point que je finis par croire à l'existence de Nancy. Will est plus spontané, plus drôle, je dois le reconnaître. »

– À quoi penses-tu ? demande Stephen.

Prise en flagrant délit, je rougis et bafouille :

– À toi, mon amour.

– Menteuse !

Puis Richard est reparti avec l'oncle Paul vers sa clinique, sa petite cour d'internes et d'infirmières, ses patients.

Les semaines qui ont suivi, Antinéa a retrouvé son calme. Moi, je perds le mien en songeant que Stephen est ici depuis un mois. Il nous reste tout juste deux semaines à vivre ensemble. Ensemble, c'est-à-dire à trois, car deux garçons tournent maintenant autour de moi. Je n'en demandais pas tant ! Cependant, je ne me plains pas, dans la mesure où la « passion » de Will, souvent encombrante, m'aide à extraire Stephen de son silence.

– Vous allez écrire ensemble ?

– Qui ça ?

– Will et toi.

Je me mets à rire en forçant la dose :

– N'importe quoi ! D'abord, je n'en ai pas envie, et puis, j'en serais incapable.

Je regarde le jardin écrasé de soleil, les fleurs recroquevillées, l'herbe grillée :

– Zut ! On a encore oublié d'arroser. De toute façon, c'est trop tard. Si on allait se baigner ?

Il est pris d'un accès de gaieté, sans doute à cause de l'association du jardin et de nos deux corps qu'il faut arroser d'urgence. J'aime bien quand il rit.

– Tu es beau !

Mon compliment le trouble. Il a peur des mots, je l'ai remarqué à maintes reprises. C'est la raison pour laquelle il parle si peu.

Pensez si j'insiste !

– J'aime tout : tes yeux, ta bouche, tes mains, ton corps…

Je voudrais continuer indéfiniment, par jeu, quand j'aperçois Pauline qui vient vers nous avec son barda maritime : sac, canot, pagaies, masque, serviette.

– Voilà la fée Clochette, dit Stephen.

Je soupire :

– Pitié !

Maintenant, c'est Will qui accourt, saisissant au passage une partie du chargement.

– Hé ! Te gêne pas ! râle Pauline.

– Je peux aider ?

Du coup, elle se déleste sur lui du reste de son matériel.

– Vous venez ? demande Will avec bonne humeur.

J'interroge Stephen du regard. Bien que la

présence de son frère l'exaspère, pour rien au monde il ne dirait non. Question de fierté. Il espère peut-être que je vais refuser à sa place. Là, il se trompe. Pourtant j'ai une envie folle de m'éclipser avec lui, de lui parler sans témoins, de flirter. Mais c'est à lui de faire les premiers pas, au lieu de prendre cet air indifférent, comme s'il consentait à rester avec moi pour m'être agréable.

– On y va ?

J'accompagne mes paroles d'une moue hésitante.

– Si tu veux.

C'est tout ce qu'il trouve à dire, alors que nous n'avons plus que quinze jours à nous.

Le vingt-huit août, il retournera en Angleterre, moi à Paris. Je ne sais pas si nous nous reverrons un jour. Mon visage est triste, le sien est indéchiffrable. Une expression de prince hautain. Résignée, je prends le chemin de la plage. Pauline tourbillonne en chantant autour de nous. Will, chargé comme un mulet, demande soudain, par provocation :

– Tu as lu mon lettre ?

– Je ne l'ai pas ouverte.

– Ce n'est pas vrai ! chantonne Pauline.

Évitant l'œil noir de Stephen, je presse le pas vers la mer.

– Tu as répondu ? insiste Will.

– Tu peux toujours rêver !

– Justement, je fais que ça, nuit et jour, je rêve beaucoup au sujet de toi.

Devant son aplomb, impossible de conserver mon sérieux. Stephen, lui, n'apprécie pas la plaisanterie. Abandonnant notre petit groupe, il arrache ses vêtements et se précipite vers la mer.

– Pauvre Stephen, il sait qu'il n'a pas chance ! soupire Will.

Je décide que le jeu a assez duré :

– Ce n'est pas drôle, Will !

– Tu es raison : ce n'est pas drôle pour lui !

Je le repousse si violemment qu'il trébuche et s'écroule en riant dans le canot de Pauline. Mon cœur se serre quand je vois Stephen rejoindre une fille qui n'est autre qu'Audrey. Je suis peut-être capable d'exciter sa jalousie, mais il peut me faire beaucoup plus mal si l'envie lui prend de se venger de moi.

Sans laisser à Will le temps de me suivre, j'enlève mon short et mes sandales et je nage vers eux.

– Le premier arrivé à la bouée ! crie Stephen.

Aussitôt, il veut partir en crawl, mais je le retiens par un pied tandis qu'Audrey nage avec souplesse vers l'objectif.

– Sale tricheuse !

Stephen m'enlace et m'entraîne sous l'eau. Ses lèvres se soudent aux miennes. Je me débats pour la forme ; j'apprécie ce genre de noyade. Vingt secondes plus tard, nous refaisons surface en mêlant nos souffles et nos rires. Sa poitrine dure m'abrite du choc des vagues. Je me suspends à lui, envahie d'un trouble étrange.

Ce bonheur est de courte durée, car Will se glisse entre nous :

– *Shocking !*

Je suis d'autant plus ulcérée que sa remarque n'a rien d'innocent. Depuis son arrivée, il fait tout pour pousser son frère à bout. Cette fois, il réussit son coup. Je n'ai jamais vu Stephen dans un tel état. Subitement, il se met à trembler de colère. D'une main, il saisit Will par les cheveux, de l'autre il le gifle à toute volée. J'entends le claquement de la main mouillée. Comme Will s'agite, Stephen lui plonge la tête sous l'eau. Il ne s'agit plus d'un jeu. Cette violence me fait peur. Je hurle :

– Arrêtez ! Je t'en prie, Stephen. Lâche-le ! Je t'en prie !

Il libère Will, qui émerge en souriant. Sa lèvre saigne. La main de Stephen a laissé une marque rouge sur sa joue.

– *Now you've got what you wanted, haven't you !*

Stephen hausse les épaules avec mépris et retourne sur la plage. Je lui crie de m'attendre, mais il ne daigne même pas tourner la tête. En vitesse, j'examine la lèvre de Will.

– Ça va ?

Il fait une grimace d'enfant :

– Bobo, là. Une baiser pour la guérir.

Audrey, qui n'a pas vu la bagarre, éclate de rire. Moi, je suis trop furieuse pour l'imiter :

– Une autre baffe, si tu veux.

– C'est un preuve d'amour chez la Française ? se renseigne Will auprès d'Audrey.

Ma sœur secoue ses cheveux dégoulinants :

– Pas exactement.

– Alors, *no, thanks !*

Il a beau continuer à crâner, la tristesse que je perçois dans ses yeux fait taire ma rancune. Je me demande bien pourquoi il s'acharne comme ça à me séparer de Stephen. Défi ou jalousie ?

Chapitre 17

– Depuis des années, il me pourrit la vie ! Il cherche à prendre ce qui m'appartient, à détruire ce que j'aime…

Stephen essaie de se justifier. Je ne lui demande rien, pourtant. Sa voix sourde, sa violence contenue me mettent mal à l'aise. Je découvre un garçon que je ne connaissais pas.

– Il voulait s'amuser.

Il me jette un regard sombre. Ses poings sont fermés, son corps tendu, ses lèvres tremblantes. Où est passée sa belle sérénité ?

– Il est jaloux, tu ne comprends pas ? Il a toujours été jaloux. Il fait tout pour te plaire… « *Tu écris ? Je écris, moi aussi… Toi et moi peut écrire ensemble !* »

Il imite les intonations et les gestes de Will de façon si drôle que je ne peux m'empêcher de sourire. Mais Stephen ne plaisante pas. Sa voix est amère, lourde de rancune :

– Ne t'imagine pas qu'il te fait du charme pour tes beaux yeux ! Si j'étais amoureux de ta cousine, c'est elle qu'il essaierait de séduire. Il ne t'apercevrait même pas.

– Trop sympa !

C'est à mon tour d'être acide. Prétendre que je ne mérite pas un regard de son cher frère ! J'ai bien envie de lui prouver le contraire ; puis je me dis qu'au fond il est malheureux. Il a perdu l'impassibilité qui faisait croire à de l'indifférence. Comment lui en vouloir, alors que son dépit trahit son amour ? Je pose la main sur son poing crispé :

– Moi, je n'aime que toi. C'est tout ce qui compte, non ?

Sa colère s'estompe. Un éclair de tendresse traverse son regard, où persiste un fond d'orage :

– Je crois.

– Tu crois ou tu es sûr ?
– Je suis sûr.

Je tends mes lèvres. Les siennes mettent un temps fou à les rejoindre. Elles le font avec tant de douceur que ça valait la peine d'attendre, comme une idiote, les yeux fermés, le souffle court, en comptant les secondes. Combien après la foudre ?

– Tu es belle, Maria, tu ne peux pas savoir ! Oui, tu ne le sais pas, c'est ce qui est merveilleux, chez toi. Tu admires ta sœur, Audrey, alors que c'est elle qui devrait t'admirer…

Il ne m'avait jamais parlé comme ça. J'ai du mal à reconnaître mon pilote muet, concentré sur ses pensées comme sur des instruments de bord.

Je supplie intérieurement : « Continue, surtout ne t'arrête pas ! »

Nous sommes dans le square de grand-père, sur mon banc préféré, à cheval sur la pierre, face à face, nos fronts appuyés l'un contre l'autre. Je savais bien que l'endroit était magique !

– Tu me pardonnes ?
– Quoi ?
– Ma colère, mon sale caractère, toutes ces histoires idiotes à propos de Will…

Je prends son visage entre mes mains et murmure :

– C'est fini.

J'ai l'impression de consoler un enfant blessé. Mes façons maternelles l'amusent. Il sourit, j'adore son sourire.

– Si c'est fini, alors je peux venir.

Je tourne la tête. Will nous observe, assis sur le bord de la fontaine. À la vue de son frère, Stephen se raidit. Le charme est rompu. Je force Stephen à me regarder :

– Ne fais pas attention à lui.

– Sorcière ! Mon frère, si tendre, si *sensitive,* est sous ton charme. Il a perdu son esprit…

– Enfoiré ! gronde Stephen.

Je constate en riant :

– Tu fais des progrès en français.

– En amour aussi, enchaîne Will. Souviens-toi… Nancy O'Brien, avec ses dents et ses lèvres de cheval : « My looove ! » Une cauchemar !

À cette évocation, Stephen ne peut s'empêcher de pouffer. Je demande :

– La Nancy dont tu m'as parlé ?

– Elle ressemblait un peu à toi, les dents surtout, dit Will.

– Lâche-nous, tu veux ?

– Je te tiens pas, réplique-t-il, logique. Mais je demande que ça. J'aime tes jambes, jolies, douces. Je peux ?

Il s'approche de moi, la main tendue.

– Will ! grogne Stephen.

Son frère s'écarte et disparaît sans insister. Une fois de plus, il a obtenu ce qu'il voulait : notre scène d'amour est terminée. Je soupire :

– Pourquoi tu l'as gardé avec toi ?

– Je n'y suis pour rien. Ce sont mes parents qui ont insisté. Je prévoyais ce qui allait se passer. Avec lui, c'est toujours la même chose… Si on partait, tous les deux ?

– Où ça ?

– Je ne sais pas… On pourrait prendre le voilier de ton oncle, retourner à Porquerolles…

– J'aimerais bien.

L'*Orion,* il ne faut pas y compter. Marine ne voudra jamais nous le confier. Il est trop difficile à manœuvrer, trop dangereux, à moins de recruter de vrais marins. Autant louer un autre bateau. Mais la location coûte cher.

– Et ton ami ? suggère Stephen.

– Roberto ? Tu rêves ! Par contre, on pourrait prendre la vedette et visiter les calanques. Ça te dirait ?

– Les calanques ?

– Ce sont de petits fjords qui s'enfoncent profondément dans les falaises, entre Cassis et Marseille. L'eau est limpide, les paysages fantastiques.

– Je veux bien.

Je chuchote :

– Le tout est de filer en douce, car Pauline voudra nous accompagner, sans parler de Will.

– On pourrait l'emmener et l'abandonner sur une île.

– Dans l'hémisphère Sud, alors.

– L'Antarctique ?

– Je plains les phoques !

Rire nous fait du bien. Mais la joie de Stephen est de courte durée : Will écarte la haie et traverse le square. Il était encore là ! A-t-il entendu ? Son air distrait me rassure ; il s'éloigne sans nous accorder un regard.

La chance nous sourit. Rebecca est seule, allongée à l'ombre du marronnier. Pour dérouter les indiscrets, nous annonçons notre intention de passer la journée à la plage, et nous courons vers le port. Une vedette est prête à partir. Nous sautons à bord et prenons place à l'avant, parmi une foule de touristes aux tenues bariolées.

Sur la banquette, je me serre contre Stephen, la tête appuyée contre son épaule. C'est la première fois que nous sommes seuls, à l'écart de la tribu, depuis le moment où nous nous sommes échappés sur les hauteurs de Porquerolles. Mais, ce jour-là, Stephen était lointain, embarrassé, alors que maintenant, au milieu de ces étrangers, il me tient dans ses bras en murmurant des mots tendres, tantôt en français, tantôt en anglais. Autour de nous, les gens sourient de nous voir si jeunes et si amoureux. Le monde est merveilleux.

Le bateau contourne le cap de l'Aigle et l'île Verte, il passe devant le cap Canaille et longe la digue du petit port de Cassis. Puis ce sont les falaises blanches, dans lesquelles la mer a creusé six calanques. Le bateau s'engage dans ces criques. L'air est saturé d'odeurs épicées. Des pins aux formes tourmentées et des fleurs sauvages s'accrochent aux pentes escarpées. En dessous, l'eau transparente laisse voir les fonds rocheux. Stephen regarde, fasciné :

– Si on restait ?

Je vais discuter avec le pilote. Il accepte de nous déposer à Port-Miou, l'une des calanques. Une autre vedette viendra nous chercher vers cinq heures. J'annonce la bonne nouvelle à Stephen, avec la sensation excitante de faire une fugue. Je rêve de vivre avec lui, cachée dans les collines, pêchant pour nous nourrir, et construisant une maison de bois à l'abri des falaises. Toujours mon fantasme de terre déserte !

Après avoir débarqué, nous escaladons la crête et redescendons vers Port-Pin, ma calanque préférée. Le soleil est brûlant, le chant des cigales assourdissant. À midi, la calanque est calme, chose rare en cette saison. À peine arrivée je me déshabille et me jette à l'eau. J'étouffe un cri, car la mer est beaucoup plus fraîche au creux des falaises. Stephen plonge à son tour et m'enlace. Ma peau est plus claire que la sienne, plus douce. Ses muscles sont durs. Il me soulève, m'oblige à plonger sous l'eau et, quand j'essaie de lui échapper, il me rattrape en crawl, passe sous mon ventre, m'effleure, me coupe la route. On dirait deux dauphins en train de jouer.

Au bout d'un quart d'heure, nous revenons vers le rivage et nous hissons sur les pierres chaudes. Couchée près de Stephen, je poursuis mon rêve d'une vie à deux qui n'aurait pas de fin. De temps en temps, je plonge pour me rafraîchir ; le soleil me sèche aussitôt. Stephen est moins sensible que moi, avec sa peau de boucanier, sur laquelle le sel laisse des traces claires. Sa poitrine me sert d'oreiller. Bercée par sa respiration et celle de la mer, je somnole.

La journée s'écoule, lente et paresseuse, entre la mer et notre rocher rond comme une île. Vers deux heures, les baigneurs deviennent plus nombreux. On entend des cris d'enfants et le moteur des bateaux qui se succèdent à l'entrée de la calanque. Je me crois à l'abri lorsque la tête de Will surgit au-dessus des buissons qui dominent notre rocher :

– Alors, les phoques, vous avons perdu le chemin de la plage ?

Chapitre 18

L'apparition de Will dans ce coin perdu, si éloigné d'Antinéa, me laisse d'abord sans voix. Puis je crie, hors de moi :

– Tu n'as pas le droit !

– La plage est à tout le monde, à les Anglais aussi.

J'apprendrai ensuite qu'il a surpris notre conversation et nous a suivis jusqu'au port. Là, il s'est glissé dans notre bateau, parmi la foule du pont supérieur. Perdus dans nos rêves amoureux, nous n'avons rien remarqué. Après avoir débarqué à Port-Miou, il nous a perdus de vue, avant de nous retrouver à Port-Pin.

– Sois gentil : laisse-nous !

Couché à côté de moi, Stephen n'a pas ouvert les yeux. Will s'étire avec nonchalance :

– Je sens que je vais aimer ce petit paradis.

Sans façon, il se déshabille. Il arbore un magnifique maillot bermuda rose parsemé de cœurs bleus. Je ne peux pas m'empêcher de pouffer. Agacé sans doute par mon accès de gaieté, Stephen se lève et gravit la pente en direction de son frère :

– Tu as entendu ce qu'a dit Maria ?

Will prend l'air offensé :

– Je veux juste nager, ça fait mal à personne !

Ensuite, tout va si vite que je ne comprends pas très bien ce qui se passe. Stephen se précipite sur Will, qui l'esquive et se met à courir sur les rochers. Stephen le rattrape et le pousse, ou bien il perd l'équilibre. Je le vois tomber de très haut et me mets à hurler :

– Attention !

Dans sa chute, Will exécute un rétablissement qui s'achève par un assez joli plongeon. Je respire. Le nageur reste longtemps sous l'eau, ce qui ne m'étonne guère, vu la hauteur du saut. Il finit par émerger lentement. J'aperçois son dos, ses bras écartés, sa tête toujours dans l'eau. Je crois qu'il joue la comédie, pour ne pas changer ! Mais devant nous les gens s'affolent. Deux hommes se jettent à l'eau. Ils ont vu la scène, anticipé l'accident. Le crâne de Will a heurté un rocher, et moi, je n'ai rien remarqué ! Au moment où les nageurs retournent le corps du jeune Anglais, je découvre avec angoisse son visage couvert de sang. Je saute dans l'eau. Stephen m'a devancée. Tout en ramenant le blessé sur le rivage, les gens nous pressent de questions :

– C'est ton frère ? Ton copain ?

– D'où venez-vous ?

– Il faut le conduire à l'hôpital.

– Mon canot est ici, dit un homme grisonnant aux allures de pêcheur.

Will, qui commence à reprendre conscience, est hissé à bord. J'embarque ensuite avec Stephen. Le bateau est équipé d'un vieux moteur hors bord qui paraît sur le point de rendre l'âme. Will est étendu sur le fond en caillebotis, sa tête enveloppée d'un pansement de fortune reposant sur mes genoux.

– Il a dû s'entailler, rien de grave, dit le pêcheur d'un ton rassurant. Mais il vaut mieux lui faire une radio, par prudence.

Comme il me voit au bord des larmes, il se met à rire :

– Les blessures au cuir chevelu, c'est toujours impressionnant, à cause du sang. Mais, à votre âge, on a la tête dure. C'est fréquent, chez les minots, à force de chahuter. Quand j'étais jeune, on plongeait sur les rochers des Goudes pour pêcher les oursins. Je vous jure qu'il y en avait, des crânes esquintés…

Tout en bavardant, il manœuvre sa barque avec adresse, se faufile entre les vedettes et prend le chemin de La Ciotat le long des falaises. De temps en temps, je caresse machinalement le visage de Will et essuie le sang qui suinte du pansement. Je ne peux pas m'empêcher de penser que tout ce qui arrive est en partie ma faute. J'aurais dû me montrer plus sévère avec lui, le repousser, lui dire que je le détestais. Mais comment être méchante avec un être qui ne cesse de vous parler d'amour ? Je l'ai peut-être encouragé sans le vouloir, pour exciter la jalousie de Stephen. En le voyant en danger, je le regrette amèrement

Le canot franchit le cap Canaille. Will porte

la main à son crâne en gémissant. Stephen est anxieux. Son regard me fuit. De temps à autre, il se retourne vers le pêcheur comme pour l'inciter à accélérer. Quand l'homme le questionne, il répond du bout des lèvres. Soudain, Will grimace un sourire :

– J'ai dû heurter un gros poisson.

Cette plaisanterie idiote m'apporte un tel soulagement que je réprime un sanglot.

– Tu souffres, toi aussi ? bougonne Will en repoussant le pansement qui lui tombe sur les yeux.

Je retiens sa main :

– Laisse. Tu saignes encore.

Stephen nous regarde en silence d'un air accusateur.

– Il semble pas content, chuchote Will.

Je veux me redresser. Aussitôt, il grogne :

– Bouge pas, ça fait trop mal.

Sa tête repose toujours sur mes jambes nues, car, dans la précipitation, je suis restée en maillot. Le comédien en profite, et ce n'est pas du goût de son frère.

À La Ciotat, Stephen me lance brutalement mon short et mon T-shirt. Puis, lorsque le robuste pêcheur prend Will dans ses bras pour l'installer dans sa vieille Peugeot, il ordonne :

– Cours chez ta mère, dis-lui ce qui s'est passé.

– Où allez-vous ?

– Au centre hospitalier, service des urgences, dit le pêcheur.

Je les regarde s'éloigner, impuissante, désemparée, et je suis toujours angoissée, car Stephen semble m'en vouloir.

Dès que la voiture a disparu, je vais prévenir Rebecca, comme il me l'a demandé. La maison est fermée et le jardin désert. Après avoir parcouru la plage, je finis par la trouver sur les rochers du Liouquet.

– Will est à l'hôpital !

Mon air paumé m'épargne des questions indiscrètes. Efficace comme toujours, ma mère saute dans sa voiture, et nous gagnons le centre hospitalier en quelques minutes. Aux urgences, une infirmière nous rassure :

– Rien de grave : quelques points de suture. On l'a un peu tondu. Depuis, il pousse des cris d'Indien. C'est un sacré numéro, votre fils !

Rebecca ne la détrompe pas. Elle interroge Stephen, qui ne se fait pas prier pour raconter notre escapade. Quand il termine, Will nous rejoint. Son turban lui donne un air de fakir.

– Il faut que j'avertisse les responsables du programme, soupire Rebecca.

À la maison, elle s'enferme dans le petit salon pour téléphoner. Nous restons tous les trois dans le jardin. Will, étendu sur une chaise longue, fait semblant de dormir. Stephen m'observe, pensif. Je demande :

– Tu n'as pas trop mal ?

– C'est à moi que tu demandes ça ? raille Stephen.

Will sourit sans ouvrir les yeux. J'en ai assez de leur attitude, cette manière de faire comme si j'étais responsable de l'accident, alors qu'ils se détestent et n'ont pas besoin de moi pour se déchirer. Au moment où je m'apprête à leur dire leurs quatre vérités, Pauline surgit et ouvre des yeux sidérés en découvrant Will :

– Tu t'es déguisé ?

Je la reprends sévèrement :

– Il est blessé, tu ne vois pas ?

– Une requin m'a attaqué, explique Will.

– C'est vrai ? demande ma petite sœur, incrédule.

– Il a mangé la moitié de ma cerveau.

– Ce n'était pas un gros repas, constate Pauline.

– Petit *monkey*, tu es pire que ta sœur !

La repartie n'amuse personne.

– Qu’est-ce que c’est : *monkey* ? veut savoir Pauline.

– Une guenon, dit Auriane en nous rejoignant. Ce n’est pas mal trouvé.

Je fuis la dispute. Stephen m’emboîte le pas en silence. Nous gagnons le square. À travers la haie de lauriers, les cris des filles nous parviennent, assourdis. J’attends que Stephen me prenne dans ses bras, comme sur notre rocher de Port-Pin, mais il reste à distance avec un regard moqueur qui m’exaspère. Je supporte plus facilement sa colère que son ironie. Cet air suffisant ! Je lui tourne le dos. Il murmure :

– Il y a des jeux dangereux.

Je crois qu’il fait allusion à leur bousculade. Non, il a autre chose en tête :

– Je t’avais avertie que Will était un peu fou, capable de faire des bêtises.

Je me retourne, étonnée :

– Pourquoi tu me dis ça ? Qu’est-ce que je t’ai fait ?

– À moi, rien. Quant à Will, tu as joué avec le feu. Tu aurais dû choisir une fois pour toutes entre lui et moi.

– Choisir ? C’est toi que j’aime, toi seul, tu le sais bien !

– Will ne le sait pas, lui. Il s'est fait des idées, à cause de ton comportement, de tes sourires, de tes airs complices.

Devant ses accusations injustes, la colère m'emporte :

– Tu es jaloux, Stephen. Stupidement jaloux. Mais ça ne te donne pas le droit d'insinuer que Will avait sa chance avec moi. C'est toi le responsable ! Je te déteste !

Le détester, je voudrais bien. Si seulement je ne l'aimais pas autant... C'est ça, le drame ! Le chagrin m'étouffe. Surtout, ne pas lui montrer mes larmes. Je m'enfuis pour me réfugier sur mon chêne. Je voudrais ne jamais l'avoir rencontré.

« C'est faux, Maria. À travers tes sanglots, tu guettes encore ses pas. Tu espères qu'il va venir te serrer dans ses bras, te consoler, te demander pardon, essuyer tes larmes, t'aimer. Le voilà, le grand amour dont tu rêvais. Il fait mal, mais tu ne donnerais ta place pour rien au monde. »

Chapitre 19

– Alors, tu pars, c'est décidé ?

Will m'adresse un petit sourire résigné :

– On a décidé pour moi, mais c'est meilleur comme ça. Tu me regrettes, mais les autres me regardent plus. Pauline s'intéresse plus à moi depuis qu'on m'a tondu.

C'est à mon tour de sourire en examinant le beau visage maigre du garçon :

– Aussi, pourquoi tu as fait toutes ces folies ?

Ses yeux bleu ardoise se fixent sur moi avec une gravité inattendue :

– Tu veux du mensonge ou le vérité ?

– La vérité, bien sûr.

– Parce que je t'aime.

Je prends mon air le plus sévère :

– Arrête, Will, s'il te plaît. Arrête !

Son regard se noie soudain, une mer d'orage, gris foncé.

– Je dis le vérité, Maria. Dans une heure, je serai plus là, et je te reverrai jamais. Alors, pourquoi je mentirais ?

– Tu ne me connais même pas !

C'est tout ce que je trouve à répondre. Sa main se tend vers mon visage et caresse ma joue. Un geste tendre, un peu trop équivoque. Les autres s'agitent derrière la haie de lauriers, qui masque mal le banc où nous sommes assis. Si Stephen nous surprend, il risque de penser que ses soupçons étaient justifiés.

Comme je recule par réflexe, Will retire sa main et la lève en signe de paix :

– Je t'ai aimée dès que je t'ai vue, Maria. Tu étais contre Stephen, je me souviens… tes yeux… Dedans, il y avait de la tendresse et des rêves. Comme maintenant.

Je détourne la tête en riant. Malgré son

français maladroit, il parle bien, trop bien, il me trouble. Pour un peu, je le croirais, et je ne veux pas. C'est un autre que j'aime. Mais je sais qu'il a raison : on peut tomber amoureux au premier regard. Ça s'est passé ainsi pour Stephen et moi.

– Je t'oublierai jamais, Maria. Tu as pensé que j'essayais de flirter avec toi pour me venger de mon frère. Avec toi, c'était différent, j'étais sincère. Tu dois me croire.

Mon sourire vacille. Il a gagné : je suis émue. Sous le jeune fou dont il prend l'apparence pour masquer sa fragilité, je découvre un être sensible et profond. C'est peut-être lui que j'aurais dû aimer ; mais on ne choisit pas. Malgré son orgueil et sa froideur, Stephen est le garçon que j'attendais, celui que j'ai perdu, peut-être. Depuis hier, il m'évite. Il parle à voix basse avec Audrey, les lèvres à hauteur de sa joue. Pour me punir. Et, comme la jalousie me rend méchante, je pense que ma sœur pourrait se laisser prendre à ses discours, pour peu qu'il lui parle de son intelligence.

– Je suis désolé, soupire Will.

– Non, c'est moi.

Will voit mon regard glisser vers Stephen et Audrey.

– J'étais jaloux…

Décidément, c'est une épidémie !

– Je voulais pas te blesser, Maria. J'ai jamais fait ça avant… mais je devais savoir, tu comprends ?

– Fait quoi ?

Ma question est distraite. Soudain, une petite lueur dans ses yeux m'alerte :

– Qu'est-ce que tu as fait, Will ?

Il inspire profondément, comme un nageur avant de plonger :

– J'ai lu ton journal.

Il ment. C'est impossible ! Mon journal est planqué sur une poutre du grenier, à l'abri de la curiosité de Pauline.

– Je t'ai suivie, pardonne-moi.

« Mon Dieu, non, il n'a pas lu ce que j'ai écrit, toutes ces choses intimes, mes secrets ! »

Je me dresse d'un bond :

– Dis-moi, jure-moi que tu n'as pas fait ça !

Son regard fuyant est un aveu.

– Tu es un salaud, Will, tu entends ? Un salaud ! Jamais je ne te pardonnerai. Fous le camp !

Il essaie de me retenir par le poignet. Je me débats comme une furie.

– Attends, c'est pas tout… J'ai écrit à toi.

– Tes lettres, je les ai toutes brûlées sans les lire. Lâche-moi !

– Pas celle-là.

– Je m'en fiche, de ta lettre. Je te dis de me lâcher !

– Je parlais de ce que tu as écrit dans ton journal à mon sujet. Des gentilles choses...

Je rougis. J'ai dit qu'il était mignon, intelligent, qu'il me plaisait bien. Et que si je l'avais rencontré avant Stephen... Quelle idiotie !

– Cette lettre, poursuit Will, impitoyable, était pas pour toi. Je l'ai laissée tomber exprès dans le corridor, devant la porte de Stephen. Je voulais lui dire que tu aurais pu m'aimer...

– Tu n'as pas fait ça, dis ?

Je comprends maintenant l'attitude de Stephen.

Maudites larmes !

– Mais pourquoi ? Pourquoi ? Qu'est-ce que je t'ai fait ?

– Pardonne-moi.

Les sanglots, maintenant. Et cet idiot qui essaie de me serrer dans ses bras.

– Ne me touche pas !

– Je lui ai tout avoué, Maria. Il sait mes mensonges. Il sait que tu aimes que lui.

Je hausse les épaules. À quoi bon ! Il est trop tard. Quoi que je dise, quoi que je fasse, désormais Stephen refusera de me croire.

– C'est pourquoi je pars, Maria. Rebecca voulait aider, expliquer que j'étais pas responsable de l'accident. J'ai insisté pour partir. Une manière de réparer ce que je t'ai fait. Tu peux pas savoir… plus jamais te revoir !

S'il croit m'apitoyer avec son désespoir, il se trompe. Il m'a fait trop de mal, soi-disant par amour. Refoulant mes larmes, je fixe ses yeux suppliants :

– Tu as fini ?

Comme il ne répond rien, je le plante là et cours vers la maison, ignorant l'appel d'Audrey. Ce que j'ai à faire ne souffre aucun retard. Je monte quatre à quatre les escaliers qui mènent au grenier. Tâtonnant dans l'ombre étouffante de la toiture surchauffée, je trouve la poutre que je croyais hors d'atteinte. Le voleur a remis mon journal à sa place. Je redescends en silence, gagne le salon. Là, j'arrache les pages du cahier, dont je fais un tas dans la cheminée. Je gratte une allumette ; les feuilles flambent. Rêves, émotions, désirs, chagrins, en quelques instants toute mon enfance est réduite en cendres.

En surveillant les dernières flammes, je sens une présence. Rebecca, plantée au seuil du salon, m'observe d'un air réprobateur :

– Qu'est-ce que tu fabriques ? Tu es folle !

– Tu vois, je brûle de vieux papiers.

– Tu salis tout !

Je lui lance un regard de défi :

– Il n'y a rien de sale, là-dedans. Ce sont mes pensées, ou plutôt c'étaient. Terminé, on n'en parle plus !

– Tu pleures ?

– C'est la fumée.

Chapitre 20

Tandis que Rebecca, Marine, Auriane et Stephen accompagnent Will à l'aéroport, je reste cloîtrée dans ma chambre. Avant son départ, Will a glissé sous la porte un billet, que j'ai déchiré. L'avion a décollé. Will est loin. Je devrais être délivrée, oublier, recommencer à vivre. Pourtant le sentiment d'avoir saccagé une belle histoire m'accable.

Manque d'habitude.

Je suis malade d'amour. À la pensée que

Stephen risque de me repousser, j'ai envie de fuir cette maison bourrée de filles indiscrètes.

Je descends l'escalier pas à pas. Le hall résonne. Solitude. Dehors, la chaleur me blesse. Le ciel est un grand incendie qui écrase les arbres.

Audrey lit sous le marronnier. Elle me sourit :

– Je te croyais à la plage avec Pauline.

Nous prononçons les mêmes mots en même temps. C'est bon de rire, même si ma gaieté se brise aussitôt.

– Ça ne va pas ?

Audrey a remarqué mes yeux cernés, ma gorge nouée, ma bouche amère. Elle me prend la main :

– Il va revenir.

Je souris tristement. Stephen reviendra, oui, mais pas le Stephen que j'aime.

– Il faudra être patiente avec lui.

Douce Audrey. Toutes les filles ne sont pas méchantes, la preuve. Mais que sait-elle de la passion, de cette souffrance préférable à l'oubli ? Je regarde avec tendresse ses boucles sages, son visage paisible, son regard limpide. J'ai rêvé tant de fois de lui ressembler ! Plus maintenant. Je suis excessive, emportée, insatiable, et je veux être aimée telle que je suis.

– C’est un garçon super, tu sais.

Pourquoi faire sa pub ? Et qu’en sait-elle, d’abord ? On dirait que je suis coupable, alors que je n’ai fait qu’aimer avec une passion dont il est bien incapable. Ce matin, il savait que Will avait tout inventé ; or il est parti sans un mot.

J’écarte mes pensées d’une main nerveuse, comme si je chassais une guêpe.

– Qu’est-ce que tu lis ? *Ruy Blas*, c’est bien ?

– Une histoire d’amour, dit Audrey avec une petite moue réticente.

– Ça ne te plaît pas ?

– Si, bien sûr.

– J’aime ton enthousiasme !

Elle me tape sur les fesses :

– Tu es impossible !

– Il paraît… Tu viens te baigner ?

– On n’attend pas les autres ?

– Quels autres ?

Audrey se met à rire en secouant la tête comme si mon cas était désespéré, puis elle remet en place ses boucles blondes derrière ses oreilles. Elle replie les chaises de toile avec soin, détache nos serviettes de l’étendage, ramasse les verres oubliés au petit déjeuner, ferme les portes à clé. De la maison des cousins s'élèvent des cris. Audrey met la main devant sa bouche :

– J'avais oublié Marie-Charlotte ! Elle est là, avec un copain.

– Un garçon ? Pauvre animal, il a dû s'égarer. J'espère qu'il est vacciné contre la rage.

Audrey pouffe :

– Quelle garce tu fais ! Il y a des jours où j'ai envie de t'étrangler !

– Encore faudrait-il m'attraper !

Je pars en courant et arrive la première, toute transpirante, sur la plage. Audrey me rejoint quelques instants plus tard. Elle demeure fraîche dans l'air brûlant qui accable les autres. La mer est chaude. Nous nageons longtemps côte à côte.

– Tu as fait des progrès, constate Audrey.

– Pas dans tous les domaines.

Sur le sable, ma tristesse revient. Je n'ai pas le cœur à répondre aux sourires d'Audrey, à ses efforts pour me consoler.

– Un garçon te dévore des yeux, tu as vu ?

– C'est toi qu'on dévore.

Une fossette se creuse sur sa joue ronde :

– Je ne crois pas, non.

Deux pieds bruns piétinent ma serviette de bain. Il tombe mal, celui-là.

– Dis donc, Toto, te gêne pas… Stephen ?

J'ai prononcé son nom avec trop de douceur. Aucune envie de paraître soumise et suppliante.

– Tu veux te baigner ?

– J'en viens.

Je me recouche paresseusement en évitant le regard réprobateur de ma sœur. Stephen s'assied sur un coin de ma serviette :

– J'ai à te parler.

– Oui ?

Je joue l'indifférente, alors que je brûle d'envie d'entendre des mots d'amour. Mais il n'en est pas question, n'est-ce pas ? J'ai encore en tête ses reproches et son ironie méchante. Audrey se lève pour nous laisser en tête à tête, quand Pauline déboule au même instant dans un nuage de sable et se laisse tomber entre nous :

– Vous en faites des têtes !

Le visage entre les bras, je soupire :

– C'est cette chaleur !

– L'amour, oui !

En temps ordinaire, sa plaisanterie m'aurait fait sourire, mais j'ai le cœur lourd et je redoute ce que va me dire Stephen. Audrey tente d'éloigner l'importune :

– Tu viens faire du toboggan avec moi ?

Pauline se lève de mauvaise grâce :

– Si je vous dérange, il faut le dire.

– Va jouer plus loin, commande Stephen avec agacement.

Pauline hausse ses épaules maigres :

– Je voudrais bien, mais je dois rester pour surveiller ma sœur. Avec un dragueur de ton espèce !

Elle se sauve en riant, poursuivie par Stephen, qui menace de la noyer. Puis Audrey emmène la petite, et Stephen revient lentement. J'admire le corps mince et musclé sur lequel glisse le regard des filles de la plage. Il pose un peu trop à mon gré. J'ai envie de le lui faire remarquer, mais, quand il s'agenouille à côté de moi, il me désarme en quelques mots :

– Tu es belle, Maria.

– Merci.

– Belle et dure.

– C'est mieux que laide et molle.

Je n'ai pas droit au moindre sourire.

– Toutes les filles françaises sont aussi têtues que toi ?

– Tous les Anglais sont aussi butés ?

Surtout, ne pas céder d'un pouce. Je le

défie, alors qu'au fond de moi une voix supplie : « Embrasse-moi ! »

Il se penche, puis se redresse. Manqué ! Rebecca et Marine passent devant nous. Elles se contentent de nous lancer un regard avant de s'installer un peu plus loin. Le visage de Stephen se rapproche du mien…

Cette fois, c'est Auriane :

– L'eau est bonne ?

– Délicieuse.

« Pas comme toi », gronde mon démon intérieur. Stephen prend le parti de rire :

– Le drame, c'est qu'il y a trop de femmes chez toi.

– Je suis bien de ton avis.

Pas seulement des femmes. À présent, Roberto tourne autour de nous avec une curiosité hostile. Stephen, agacé, s'écarte. À ce train, on n'est pas près de s'embrasser. Alors, brusquement, je noue les mains autour de son cou et le renverse sur le sable. Mes lèvres se pressent sur les siennes. De temps en temps, je m'interromps pour reprendre mon souffle et murmurer :

– *I love you.*

Au début, il est tout tendu, et ses yeux guettent Rebecca. Puis il se laisse aller. Il oublie tout, la plage, les gens, les convenances. Moi, j'oublie la jalousie, les malentendus, les disputes. Il n'y a plus, dans le ciel, que mon pilote et moi, flottant très haut, au-delà des nuages.

FIN